AF332410

OPINION

D'UN JURISCONSULTE

SUR DIVERSES QUESTIONS

CONCERNANT LES DETTES

CONTRACTÉES PAR LES ÉMIGRÉS.

IMPRIMERIE DE LE NORMANT, RUE DE SEINE, N° 8, F. S. G.

OPINION

D'UN JURISCONSULTE

SUR.DIVERSES QUESTIONS.

CONCERNANT LES DETTES

CONTRACTÉES PAR LES ÉMIGRÉS,

ANTÉRIEUREMENT A LA MORT CIVILE DONT ILS ONT ÉTÉ FRAPPÉS,
ET A LA CONFISCATION DE LEURS BIENS.

PAR M. H. DARD,

JURISCONSULTE, ANCIEN AVOCAT A LA COUR DE CASSATION.

In rebus novis constituendis evidens esse utilitas
debet, ut recedatur ab eo jure, quod diù æquum
visum est. ULPIEN. *Leg.* 2. *ff. de constitut. princip.*

A PARIS,

CHEZ LE NORMANT, IMPRIMEUR-LIBRAIRE,
RUE DE SEINE, Nº 8, FAUBOURG SAINT-GERMAIN.

MDCCCXIX.

OPINION

D'UN JURISCONSULTE

SUR CETTE QUESTION :

« *La loi du 5 décembre 1814 ayant rendu à ceux qui en*
» *étoient propriétaires, ou à leurs héritiers ou ayans*
» *cause, tous les biens immeubles séquestrés ou con-*
» *fisqués pour cause d'émigration, quels sont, sur les*
» *biens ainsi rendus, les droits des créanciers, pour*
» *raison des dettes contractées par les émigrés anté-*
» *rieurement à leur émigration ? »*

La loi du 5 décembre 1814 a ordonné (art. 2) que « tous les biens
» immeubles séquestrés ou confisqués pour cause d'émigration,
» ainsi que ceux advenus à l'Etat par suite de partages de succes-
» sions ou présuccessions, qui n'ont pas été vendus, et qui font
» actuellement partie du domaine de l'Etat, seront rendus à ceux
» qui en étoient propriétaires, ou à leurs héritiers ou ayans cause. »

Le législateur, ou plutôt le souverain qui relâchoit ainsi, en
faveur des émigrés ou de leurs ayans cause, des biens incorporés et unis au domaine de l'Etat, n'a rien statué sur les droits

I

que pourroient exercer sur les biens rendus, les créanciers des émigrés, porteurs de créances antérieures à la confiscation de ces biens, gage antique de leurs créances. Cependant l'autorité souveraine, libre de disposer des biens rendus, avoit incontestablement le droit d'imposer à sa libéralité les conditions qu'elle auroit jugé à propos. Elle pouvoit soumettre les propriétaires réintégrés au paiement de tout ou de partie des créances qui frappoient sur les biens rendus au moment de la confiscation, ou laisser ces biens dans cet état d'affranchissement de toutes charges et dettes hypothécaires, qui leur avoit été acquis pendant leur réunion au domaine de l'Etat.

Mais ce que le prince pouvoit faire au moment de la remise des biens, ce qu'il a encore le droit de faire aujourd'hui avec le concours des deux Chambres, et dans les formes législatives, il ne l'a point fait.

La discussion qui s'éleva dans la Chambre des Députés sur le projet de loi qui est devenu la loi du 5 décembre 1814, avoit prouvé l'importance et la difficulté de la question relative aux créances sur les émigrés, et combien cette question avoit besoin d'être mûrie et profondément examinée ; on fut convaincu qu'une loi spéciale étoit nécessaire et indispensable. En attendant que cette loi pût être préparée et présentée aux Chambres, le législateur se borna à prononcer, par l'art. 14 de la loi, un sursis à l'exercice des actions des créanciers. Cet article est ainsi conçu : « Il sera » sursis, jusqu'au 1er janvier 1816, à toutes actions de la part des » créanciers des émigrés sur les biens remis par la présente loi : » lesdits créanciers pourront néanmoins faire tous les actes con- » servatoires de leurs créances. »

Ce sursis a été prorogé, et le délai fixé par la dernière loi de prorogation expire le 1er janvier 1820.

Il est temps de mettre un terme aux incertitudes qui résultent de cet état de choses prolongé pendant cinq ans. Si les créanciers des émigrés ont conservé sur les biens rendus à leurs débiteurs les droits qui leur étoient assurés par les lois existantes avant leur confiscation et leur réunion au domaine de l'Etat, il est injuste de leur interdire plus long-temps l'exercice de ces droits sur des biens qui sont affectés au paiement de leurs créances ; si , au contraire , ces droits ont été éteints en tout ou en partie par la mort civile de leurs débiteurs, prononcée contre eux par les lois concernant les émigrés, il est également injuste de soumettre les propriétaires réintégrés à une véritable incapacité de disposer de leur propriété , par suite des actes conservatoires que les créanciers sont, par l'art. 14 de la loi du 5 décembre 1814, autorisés à faire sur les biens de leurs débiteurs.

L'intérêt public exige aussi qu'une grande masse d'immeubles ne reste pas plus long-temps sans propriétaires libres d'en disposer , et que ces immeubles entrent dans le commerce par les ventes, les échanges ou par les hypothèques, dont il seroit loisible aux possesseurs de les grever, s'ils n'étoient pas affectés à des créances dont le sort et les droits sont encore incertains.

L'intérêt public et l'intérêt particulier se réunissent donc pour déterminer le gouvernement à s'occuper de présenter à la prochaine session des Chambres, sur cet objet important, une loi qui prononce entre les prétentions des créanciers et celles des débiteurs , et dont l'autorité pose la règle à suivre par tous.

Nous sera-t-il permis de devancer la sagesse du législateur, et de présenter sur ces hautes et difficiles questions de droit civil et de droit politique e tribut de nos foibles lumières ? Si, dans les débats judiciaires, où s'agitent les plus modiques intérêts, un simple citoyen est admis à produire devant les tribunaux l'opinion des jurisconsultes, et à la présenter aux magistrats pour éclairer leurs décisions et préparer les oracles de la justice, toute une classe nombreuse de citoyens, dont les plus grands intérêts vont être soumis à l'examen et à la discussion des deux Chambres, pourroit-elle être réduite au silence dans une aussi grave circonstance ? Lui seroit-il défendu de recourir à l'autorité d'un jurisconsulte, pour développer leurs droits, et combattre les argumens que leur opposent leurs adversaires ? Non , sans doute.

1.

(4).

Tant que le Prince n'a pas commandé, et que les pouvoirs légitimes de la société n'ont pas définitivement prononcé sur une matière qui est du domaine de la législation , toutes les parties intéressées dans la solution des questions soumises au législateur ont incontestablement le droit de lui présenter leurs observations ; elles peuvent discuter leurs intérêts avec toute la force dont elles sont capables , invoquer toutes les autorités qui leur sont favorables, sauf à se soumettre à la loi, lorsqu'elle aura parlé et sera promulguée. Nous croyons donc que nous pouvons, sans encourir aucun reproche , émettre notre opinion impartiale sur une question qui ne peut manquer d'être soumise aux Chambres. Si les raisons sur lesquelles cette opinion repose sont fondées sur les principes consacrés par les lois et la jurisprudence, elles pourront être utiles au législateur ; si elles sont erronées , elles ne devront faire aucune impression , et les intérêts que la loi à venir pourra blesser auront au moins été admis à faire entendre leurs observations.

La publicité donnée à la discussion de cette question importante aura d'ailleurs l'avantage de provoquer les méditations des magistrats, et de faire naître, de leur part, des observations précieuses pour le législateur ; des jurisconsultes plus habiles que nous , mais dont les intentions ne seront pas plus pures que celles qui nous ont animé dans la recherche de la vérité, relèveront les erreurs dans lesquelles nous aurions pu tomber à notre insu ; et leurs lumières et leur expérience pourront suppléer à notre insuffisance.

Nous diviserons cet écrit en deux chapitres. Dans le premier, nous établirons les principes généraux ; dans le second, nous ferons l'application de ces principes à la question qui nous est proposée.

CHAPITRE PREMIER.

De l'état des émigrés par suite des lois relatives à l'émigration, du sénatus-consulte d'amnistie du 6 floréal an X, et de l'ordonnance royale du 21 août 1814.

Dans une discussion de cette nature, le premier point est de bien fixer l'état des émigrés, sans discuter l'autorité des assemblées qui ont porté les lois pénales de l'émigration, et en admettant que le pouvoir que ces assemblées exerçoient étoit un pouvoir légal, légitime et non contesté.

Dans cette hypothèse, qui est celle de la loi, l'état des émigrés étoit celui des condamnés à une peine emportant la mort civile : telle étoit la condamnation au bannissement perpétuel hors du royaume. Cet état des émigrés n'étoit pas nouveau et inusité dans la législation criminelle. Les assemblées nationales n'ont rien créé, rien inventé, en prononçant contre les émigrés le bannissement perpétuel et la mort civile; elles n'ont fait qu'appliquer aux émigrés des peines que les lois criminelles avoient depuis long-temps établies contre les plus grands crimes, et toutes les conséquences de ces peines.

Ainsi, quand la loi du 28 mars 1793 (art. 1er) a déclaré que les émigrés étoient bannis à perpétuité du territoire français, qu'*ils étoient morts civilement*, et que leurs biens étoient acquis à la république, cette loi n'a fait autre chose qu'appliquer aux émigrés les peines que les lois romaines désignoient sous les noms de *déportation* ou de *condamnation aux mines*, les plus grandes peines qu'on pût prononcer contre un citoyen romain. *Leg.* 28, *in pr.* ff. *de pœn.* Elle emportoit avec elle ce que le droit romain appelle *media capitis diminutio*, c'est-à-dire que le condamné perdoit la jouissance de tous les droits civils, et ne conservoit que la liberté de sa personne. *Institut.*, *lib.* 1, *cap.* 16, et *leg.* 17, §. 1, ff. *de pœn.* Tous les biens qu'il possédoit au temps de la condamnation étoient acquis au fisc. *Leg.* 1, ff. *de bon. damnat.*

Dans notre ancienne jurisprudence criminelle, telle qu'elle existoit avant les réformes faites successivement par nos assemblées nationales, depuis celle appelée Constituante, les galères perpétuelles avoient remplacé la peine de la condamnation aux mines en usage chez les Romains, en ce qu'elles produisoient aussi la mort civile du condamné, et la confiscation des biens. (Voy. *Muyart de Vouglans*, Traité des lois criminelles de France, liv. II, tit. IV, chap. 2, §. 2, num. 2; ordonnance de 1670, tit. XXV (art. 13).

Quant au bannissement perpétuel, il étoit assimilé à ce qu'on appeloit *déportation* chez les Romains, en ce qu'il produisoit également la mort civile, avec la confiscation des biens. (Voy. *Muyart de Vouglans*, liv. II, tit. IV, chap. 3, §. 1, num. 2; et l'ordonnance de 1670, tit. 17, art. 19 et 32. (Voy. *Richer*, Traité de la Mort civile, chap. 2, sect. 2; *Lebret*, Traité de la Souveraineté, liv. III, chap. 15.)

« L'homme condamné aux galères, ou banni à perpétuité....... » confisque ses biens, et ne peut succéder. » *Loysel*, liv. XVI, tit. II, maxime 23.

La Convention nationale, en frappant les émigrés de la peine de la mort civile, en les déclarant bannis à perpétuité du territoire français, en confisquant leurs biens au profit de la République, a donc assimilé les émigrés aux *déportés* des Romains, et aux *bannis* à perpétuité hors du royaume, peine qui, dans notre jurisprudence criminelle, avoit remplacé la déportation des Romains, et en produisoit tous les effets. L'état des *émigrés* étoit donc absolument le même que celui des *déportés* chez les Romains, ou des *bannis* hors du royaume à perpétuité dans nos usages français. Aussi est-ce par les lois romaines sur l'état et la capacité des déportés, et par l'ancienne jurisprudence française sur l'état des condamnés au bannissement perpétuel hors du royaume, que presque toutes les questions qui se sont élevées sur la validité des actes et des contrats faits par les émigrés, ont été décidées, lorsque les lois rendues contre les émigrés étoient muettes ou insuffisantes. Comme ces lois avoient le même principe, il étoit juste de tirer des unes les mêmes conséquences que le législateur lui-même avoit tirées des autres.

On est donc autorisé à poser comme un point constant, que l'état des émigrés, d'après les lois sur l'émigration, étoit le même que l'état des déportés ou des condamnés au bannissement perpétuel hors du royaume; que les lois romaines et la jurisprudence française, sur les conséquences et les effets de la déportation ou du bannissement, étoient fondées sur les mêmes principes que les lois pénales contre les émigrés; que, pour les cas non décidés par ces dernières lois, on peut et on doit recourir aux lois romaines, et à la jurisprudence française sur les effets de la mort civile encourue par la déportation ou par le bannissement à perpétuité hors du royaume.

Enfin, et par une identité de raison, c'est aussi par les lois romaines et par les règles suivies dans l'ancienne jurisprudence française, qu'on doit résoudre les difficultés qui peuvent s'élever sur la restitution des émigrés dans leur état civil, et sur la remise qui leur a été faite de leurs biens non vendus en exécution de la loi du 5 décembre 1814.

L'état de mort civile des émigrés a cessé en France, et leurs biens non vendus leur ont été remis, sauf quelques restrictions, par le sénatus-consulte d'amnistie du 6 floréal an X, par l'ordonnance royale du 21 août 1814, et par la loi du 5 décembre suivant. Aucun de ces actes émanés des gouvernemens, qui prononçoient l'amnistie ou la restitution des émigrés dans leurs droits civils, n'a disposé à l'égard des dettes des émigrés, antérieures à leur émigration : seulement la loi du 5 décembre 1814 a sursis à toutes actions de la part des créanciers des émigrés, en leur permettant de faire tous les actes conservatoires de leurs créances. Il n'existe donc aucune disposition législative sur les droits des créanciers des émigrés, porteurs de titres antérieurs à la confiscation, sur les biens remis à leurs débiteurs , particulièrement sur ceux remis en vertu de la loi du 5 décembre 1814. Les seules bases qu'on puisse raisonnablement invoquer pour une loi à faire sur cette matière , sont les lois romaines et la jurisprudence ancienne sur les effets de la restitution des condamnés à la peine emportant la mort civile : on peut même aller plus loin, et soutenir que ces lois et cette jurisprudence sont les seules règles de décision qui puissent être appliquées, tant qu'il n'y aura pas été dérogé par une loi spéciale.

On ne sera pas accusé de traiter trop favorablement les émigrés, en les assimilant, pour les effets de la peine, et pour les suites de la confiscation de leurs biens, ainsi que pour la restitution dans leurs droits civils, aux condamnés à la peine de la relégation emportant la mort civile , et que les lois romaines appellent *sententiam passi*, et à ceux que nos anciennes lois criminelles condamnoient au bannissement perpétuel hors du royaume.

Ouvrons d'abord les lois romaines, et développons leurs principes, qui sont le résultat de la plus profonde sagesse réunie à la souveraine équité.

Un premier principe enseigné par les jurisconsultes romains, et qui n'admet aucune exception, est que la confiscation des biens, suite de la condamnation à une peine emportant la mort civile, emporte l'extinction totale de la dette du condamné ; que le créancier cesse d'avoir contre son débiteur aucune action ; qu'il ne peut plus exercer de poursuites, et réclamer le paiement de sa créance, que contre le fisc qui a recueilli tous les biens du débiteur. *Leg.* 47, ff. *de fidejuss.* ; *leg.* 3, *cod. de sentent. pass.* La loi 2 , ff. *de capit. minut.*, parlant de l'édit du préteur qui accorde une action contre ceux qui ont éprouvé un changement d'état pour les obligations qu'ils avoient contractées auparavant, dit que cette disposition ne concerne que les changemens d'état qui laissent le droit de cité intact ; et qu'à l'égard des changemens d'état, qui emportent privation du droit de cité , elle est sans objet, parce que ceux qui ont perdu le droit de cité, ne peuvent plus être poursuivis personnellement pour leurs dettes antérieures, et que leurs créanciers n'ont plus d'action que contre ceux à qui leurs biens sont dévolus (1).

Voet, sur le titre précité du Digeste , fait cette judicieuse observation : « Si un citoyen romain avoit perdu le droit de cité (la
» jouissance des droits civils), les actions pour et contre lui étoient
» éteintes de plein droit à son égard, et ne pouvoient pas revivre
» par la restitution du condamné dans ses droits civils ; parce
» qu'il n'y auroit eu aucune raison d'équité, et qu'il n'auroit pas
» même été au pouvoir de la juridiction du préteur d'autoriser
» l'exercice des actions des créanciers contre un débiteur mort ci-
» vilement, et dépouillé de tous ses biens : les créanciers ne pou-
» voient donc intenter leur action que contre le fisc à qui les biens
» de leur débiteur étoient dévolus (2). »

Chassanée, sur la coutume de Bourgogne, tit. des confiscations,
au mot *et appartenant la confiscation*, n° 33, établit cette maxime :
« *Per confiscationem confiscatus eximitur ab omni obligatione.* »

Pérégrinus , *resolut. de jur. fisc.*, *lib.* 5, *num.* 54, professe
le même principe : « *Sic etiam quia, per publicationem bonorum*
» *passivæ actiones in fiscum diriguntur, et reus liberatur à credi-*
» *toribus suis , idcircò fiscus tenetur illis solvere de bonis condem-*
» *nati.*

» *Et ideo debitor liberatur à creditoribus suis per publicationem*
» *bonorum , ut nulla ampliùs in eo duret obligatio , ita ut fide-*
» *jussor posteà datus non obligetur, cùm nulla adsit principalis*
» *obligatio cui adhærere possit.* »

Cette maxime étoit admise dans notre jurisprudence française.
Coquille , question 2, s'exprime ainsi : « Aussi est à savoir que

---

(1) « *Pertinet hoc edictum ad eas capitis diminutiones, quæ salvâ civitate con-*
» *tingunt : cæterùm, sive amissione civitatis, sive libertatis amissione contingat*
» *capitis diminutio, cessabit edictum, neque possunt hi penitùs conveniri ; dabitur*
» *planè actio in eos ad quos bona pervenerunt eorum.* »

(2) « *Cùm neque ulla æquitatis ratio suaserit, neque adeò potens fuerit jurisdictio*
» *prætoria, ut per eam civitate exutus, ac amissis bonis nudus exulans , actione*
» *civili posset conveniri, sed potiùs in fiscum ad quem deportati bona devoluta , judi-*
» *cium dandum fuerit.* »

» celui qui est banni, et duquel les biens sont confisqués en tout
» ou en partie, devient quitte envers ses créanciers pour le tout
» ou partie, selon que ses biens sont confisqués. *Leg.* 2 , *cod. ad*
» *leg. jul. de vi.* »

Bouhier, sur la coutume de Bourgogne, chap. 55 , num. 452,
tient le même langage : « Le seigneur confisquant étant chargé de
» toutes les dettes du condamné à mort naturelle ou civile, il suit
» de là que, si ce condamné est encore en vie, il est quitte de
» toutes dettes antérieures à sa confiscation ; c'est la décision des
» lois et des jurisconsultes. » ·

Telle est aussi sur cette matière la jurisprudence suivie dans les
autres pays de l'Europe. Nous nous bornerons à citer *Herlius*
dans son ouvrage intitulé : *Dissertatio seu satura rerum quæ ad jus*
spectant singularium, chap. 5. Ce jurisconsulte, en se fondant sur
les lois romaines que nous avons citées plus haut, répond qu'un
négociant de Florence, condamné à une peine emportant la confiscation générale de ses biens, s'étant réfugié dans le royaume de
Naples, et y ayant fait, par son industrie, une nouvelle fortune,
ne put pas dans ce pays être actionné par les créanciers envers
lesquels il s'étoit obligé à Florence avant sa condamnation.

« *Mercurii*, *mercatoris Florentini*, *bona à magno duce confis-*
» *cantur : is abhinc in regnum neapolitanum se confert, et , ut*
» *erat callidus brevi locilentas divitias corrodit. Conyenitur hic à*
» *creditoribus ob æs alienum, quod Florentiæ contraxerat ; is*
» *contrà se ampliùs teneri negat : nostro judicio rectè.* »

Toutes ces décisions sont parfaitement applicables aux émigrés ;
nous invoquerons à cet égard l'autorité d'un jurisconsulte, qui con-
noît bien l'esprit de la législation des émigrés, et qu'on n'accusera
pas de leur être trop favorable. M. Merlin, en portant la parole
devant la section civile de la Cour de cassation, le 7 juin 1809, dans
la cause de la dame d'*Ottweiler*, contre le sieur de Crolbois, s'exprimoit ainsi : « D'abord, dans le cas du séquestre pour cause d'émi-
» gration, non seulement la personne, dont les biens sont ainsi
» séquestrés, est morte civilement, mais encore, au moyen de ce

» que l'Etat devient l'héritier universel de tous ses droits, tant
» actifs que passifs, ses créanciers n'ont plus d'action contre elle.

» C'est ce que décident une foule de lois romaines, non pas à
» la vérité pour le cas précis de la confiscation générale encourue
» par l'émigration, mais, ce qui revient au même, pour les cas
» de la confiscation générale prononcée par un jugement de con-
» damnation à une peine emportant la mort civile. »

M. Merlin, après avoir cité les textes des lois 2, ff. *de capit.*
minut., *leg.* 47, ff. *de fidejuss.*, *leg.* 14, §. 1, ff. *de novat.*, et *leg.* 3,
cod. de sentent. pass., ajoute : « Toutes ces décisions reçoivent,
» comme l'on voit, une application directe et entière à l'émigré
» dont tous les biens ont été confisqués et mis sous la main du gou-
» vernement. L'émigré est donc personnellement quitte envers ses
» créanciers, comme l'est envers les siens le condamné à une
» peine emportant la mort civile. » (*Voyez* les Questions de Droit,
verb. *Inscription hypothécaire*, §. 1.)

Mais lorsque le condamné est restitué par le prince dans la
jouissance de ses droits civils, ses créanciers peuvent-ils poursuivre
contre lui le paiement des créances antérieures à la confiscation ?
Les lois romaines distinguent : si, avec la restitution dans ses droits
civils, tous les biens qu'il possédoit, et dont le fisc s'étoit emparé,
lui étoient restitués, il étoit tenu d'acquitter la totalité de ses
dettes antérieures à la confiscation, comme s'il n'avoit jamais
encouru la mort civile ; si on ne lui restituoit qu'une quotité de ses
biens confisqués, c'est-à-dire la moitié, le tiers ou le quart, il
n'étoit tenu au paiement de ses dettes que pour la même quotité ;
le fisc restoit obligé au paiement du surplus ; enfin, si ce n'étoit
pas une quotité des biens qui étoit restituée, mais un objet certain,
et à *titre singulier*, le condamné n'étoit tenu en aucune manière
de ses dettes anciennes, et ses créanciers n'avoient pas d'autre
débiteur que le fisc. On va voir la preuve de ces décisions par les
textes des lois qu'on va retracer.

« *Si debitor pœnam sententiæ passus est quam bonorum ademptio*
» *secuta est, quamvis posteà civitati romanæ restitutus, non totam*

» *substantiam,* sed aliquid ex indulgentiâ principis ut haberet
» impetraverit, *æris tamen alieni ex præcedente tempore pœnâ*
» *liberatus est. Si verò partem bonorum accepit pro ratâ portione*
» *ejus tenetur.* Leg. 3, Cod. de sentent. pass. et restitut.

» *Si deportatus restitutus dignitatem quidem indulgentiâ prin-*
» *cipis recuperavit, in sua autem omnia bona non est restitutus, nec*
» *à creditoribus nec publico nomine conveniri potest.* Leg. 2, ff. de
» sentent pass.

» *In insulam deportati bona fiscus, pœnâ remissâ, retinuit :*
» *creditores ex ante gesto non habere cum eo qui debitor quondam*
» *fuit actiones constitit.* Leg. 3, ff. ut supr. »

Mornac, *in Cod.* sur la loi précitée, *de sentent. pass.*, donne cette
règle dans la pratique : « *Qui recuperat bona per viam quotæ tene-*
» *tur creditoribus pro ratâ : secùs si recuperet aliquid in singulari.* »

Coquille, sur la coutume de Nivernais, chap. 2 (art. 1ᵉʳ), dit :
« Celui qui est banni et confisque tous ses biens, ou qui confisque
» partie d'iceux par quote portion, comme de moitié, tiers ou
» quart, est quitte, *ipso jure*, envers ses créanciers, pour le tout
» ou pour la même quote portion, *leg. si marito,* ff. *solut. matr.*
» *leg.* 2, Cod. *ad leg. jul. de vi.,* et doivent les créanciers pour
» ladite portion confisquée, s'adresser contre le fisc; si tel con-
» damné est restitué à ses biens par le souverain, il rentre en
» obligation envers ses créanciers, pour le tout ou pour cette
» partie. *Leg. si debitor, Cod. de sentent. pass.* »

Pérézius, *in Cod.* tit. de sentent. pass. « *Sed et creditoribus*
» *quoque adversus eum actiones restituuntur, idque pro eâ parte*
» *bonorum quam recepit.* »

Cujas, ad tit. Cod. ut supr. « *Valdè notanda sunt duo in hoc*
» *titulo, primum ad eum, cui bona restituuntur beneficio principis*
» *redire omnia onera creditorum, si omnia bona sint restituta, quæ*
» *ab eo cum bonis omnibus transierant in fiscum veluti successorem;*
» *quod si pro parte sint tantùm restituta bona, eorum onerum*
» *pars quoque tantùm ad eum redit : at bonis non restitutis, ulla*
» *ex parte, onera creditorum remanent apud fiscum veluti succes-*

» *sorem. Is debet respondere creditoribus proscripti vel damnati*,
» *etiam si restituto in integrum rem aliquam ex bonis princeps*
» *concesserit, putà fundum illum aut domum illam, non partem*
» *bonorum, sed rem certam.* »

Vid. Voet *in* ff. *tit. de sentent. pass.*, §. 5, Pérégrinus, *variæ resolut. de jur. fisc.*, *lib. V*, *num.* 56; *Faber jurisprudent. Papin.*, *tit.* 12, *lib. I, princip.* 3, *illat.* 4.

Vid. Balde, *in Titul.*, *Cod. de sentent. pass. Salycetus in Cod. Titul. eod.*

Bruneman, *in Comment..*, *Cod. tit. de sentent. pass.*, *leg.* 4, pose en principe que la confiscation des biens, résultant de la mort civile, entraîne la libération complète et entière du débiteur qui est réputé mort aux yeux de la loi. « *Quicunque patitur bonorum* » *publicationem ex delicto capitali*, habetur pro mortuo, *et sic libe-* » *ratur ab ære alieno, et omni debito omnique actione civili quâ* » *anteà tenebatur* (1). »

La confiscation des biens des condamnés à la peine de mort civile avoit, à l'égard du débiteur, un autre effet que la perte de ses biens par une autre cause que la confiscation, comme, par exemple, par l'incendie des biens du débiteur; dans ce cas, le dé-biteur ne cesse pas d'être obligé au paiement de la dette, *leg.* 11, *Cod. si cert. petat*, qui subsiste malgré la perte des biens du débi-teur, et malgré la confiscation elle-même, au profit du fisc, des biens du débiteur, quand cette confiscation étoit fondée sur une cause qui ne portoit pas atteinte à son état, quand il ne perdoit pas la jouissance des droits civils; cette juste distinction est faite dans la loi 3, *Cod. de sentent. pass.*, *quod si ob pecuniam debitam fisco bona ejus occupata sunt, mansit cum suis fidejussoribus propriis creditoribus obligatus.* Il en est autrement lorsque la perte des biens a pour cause la condamnation à la mort civile du débiteur. La raison de cette différence entre les deux cas est facile à aper-cevoir : la mort civile prononcée par la loi est une fiction de la mort

______

(1) *Vid. Oddus de restitut.*, *quæst.* 94, *num.* 16 *et sequent.*

naturelle ; les biens du condamné passent au fisc, dans leur universalité, et tels qu'ils existent au moment de la confiscation. Le débiteur ne peut plus être obligé envers son créancier, puisqu'aux yeux de la loi il est réputé ne plus exister : *leg.* 1, §. 8, ff. *de bonor. possess. contr. tabul.* On ne pourroit donc opposer aux émigrés morts civilement, et dont les biens ont été confisqués, les décisions du droit qui, comme celle de la loi 11, *Cod. si cert. petat.*, enseignent que la perte des biens du débiteur ne le libère pas de la dette qu'il avoit contractée. Il faut écarter ces décisions, et on est obligé de reconnoître, avec les lois romaines et les jurisconsultes, qu'en principe, la condamnation à une peine emportant la mort civile, et par suite la confiscation des biens du condamné, éteint, à l'égard de ce dernier, toutes les dettes par lui contractées antérieurement à la confiscation ; et que, si le condamné est restitué dans ses droits civils, il ne devient passible des dettes antérieures à la confiscation, qu'autant et dans la même proportion que les biens, qu'il possédoit au temps de la confiscation, lui sont restitués par le fisc.

Les lois spéciales sur les émigrés ont-elles dérogé à ces principes du droit commun ? Occupons-nous d'abord de la disposition des lois concernant les dettes des émigrés : la loi du 28 mars 1793, en déclarant les émigrés *morts civilement*, ajoutoit à cette peine que *leurs biens étoient acquis à la République*. On seroit déjà autorisé à conclure de cette seule disposition, que la République étoit tenue de payer les dettes des émigrés jusqu'à concurrence de la valeur de leurs biens, suivant la règle de droit qui veut qu'il n'y ait de biens qu'après le paiement des charges dont ils sont grevés, *bona intelliguntur cujusque quæ deducto ære alieno supersunt, leg.* 39, §. 1, ff. *de verb. signif.*, et conformément à la loi 11, ff. *de jur. fisc.*, qui porte : « *non possunt ulla bona ad fiscum pertinere, nisi quæ* » *creditoribus superfutura sunt.* »

Ces principes du droit romain étoient reçus dans notre jurisprudence. L'art. 350 de la coutume de Bourbonnois en contient une disposition expresse : « Les créanciers sont payés tant que » les biens se peuvent étendre, et non autrement. »

Lebret, Traité de la Souveraineté, liv. III, chap. 13, enseigne que cet article doit être regardé comme formant le droit commun.

C'est par une application de ces principes, combinés avec celui qui veut que le fisc soit toujours réputé solvable, *leg.* 2, §. 1, ff. *de fund. dot.*, que l'art. 16 du décret du 3 juin 1793, section 4, disposoit : « Les biens des émigrés seront vendus francs et quittes de » toutes dettes, rentes et redevances foncières, dons, douaires et » hypothèques ; la République se charge de les acquitter, mais » seulement jusqu'à la concurrence des biens-meubles et immeu-» bles de chaque émigré, après la liquidation qui en sera faite, » suivant le mode qui sera ci-après prescrit. »

La même loi, section 5, §. 1, art. 11, vouloit que « les actions » quelconques appartenant aux émigrés fussent exercées par les » régisseurs de l'enregistrement, poursuite et diligence des pro-» cureurs-généraux-syndics, devant les tribunaux qui auroient dû » en connoître, si lesdits émigrés avoient eux-mêmes exercé leurs » droits. »

(Section 5, §. 2, art. 13) : « Toute procédure intentée contre » les émigrés, pour raison de leurs dettes passives, demeure » éteinte ; ceux qui ont déjà exercé contre eux des actions, ou » qui prétendront avoir droit d'en exercer, à quelque titre que » ce soit, seront tenus de faire leurs déclarations, et de déposer, » dans le délai prescrit par l'art. 6 ci-dessus, leurs mémoires, » titres, rôles de frais légitimement faits, et autres pièces justi-» ficatives, au directoire du district, où sera fixé le domicile de » leurs prétendus débiteurs ; à défaut de quoi ils seront et de-» meureront déchus de tous droits. »

Cet article reconnoît et proclame le principe que nous avons posé plus haut, que la mort civile du condamné et la confiscation de ses biens éteignent toutes ses dettes.

Le décret du 1ᵉʳ floréal an III alla plus loin que les décrets précédens, qui n'obligeoient la République au paiement des dettes des émigrés que jusqu'à la concurrence de leurs biens ; ce décret porte (art. 1ᵉʳ) : « Les créanciers des émigrés sont déclarés créan-

» ciers *directs* de la République, excepté ceux des émigrés en
» faillite ou notoirement insolvables. »

Maintenant, comment les créanciers des émigrés, devenus solennellement et par une loi, les créanciers directs de la République,
ont-ils pu redevenir les créanciers de leurs débiteurs primitifs,
amnistiés ou restitués dans leurs droits civils? C'est ce qu'il faut
examiner.

Le sénatus-consulte d'amnistie du 6 floréal an X ne contient
aucune disposition relative aux créanciers des émigrés, à l'égard de
leurs débiteurs amnistiés, et sur les biens non vendus qui leur étoient
rendus en vertu de ce sénatus-consulte ; il impose seulement aux
émigrés amnistiés l'obligation « de ne pouvoir, en aucun cas et sous
» aucun prétexte, attaquer les partages de présuccession, succes-
» sion, ou autres actes et arrangemens faits entre la République
» et les particuliers avant la présente amnistie. »

Ce n'est donc pas dans le sénatus - consulte d'amnistie qu'on
pourroit trouver ce principe contraire aux lois romaines et à notre
ancienne jurisprudence, que l'émigré amnistié est tenu au paiement
de toutes les dettes antérieures à la confiscation que l'Etat n'avoit
pas acquittées, sans s'arrêter à la valeur des biens qui lui étoient
rendus. Le sénatus - consulte garde le silence sur les droits des
créanciers ; et, dans ce cas, tout ce qu'on peut faire pour appré-
cier ces droits et en régler les effets, est de recourir au droit
commun, dont nous avons développé les maximes incontestables.

On ne dissimulera pas toutefois que, sous le dernier gouvernement, les tribunaux ne faisoient aucune difficulté d'admettre
les créanciers des émigrés amnistiés à poursuivre leurs débiteurs
pour des dettes antérieures à l'émigration, soit que leurs biens
leur eussent été ou non rendus par l'Etat ; mais à cette objection
il y a deux réponses : la première, que cette jurisprudence étoit
fondée sur des actes du gouvernement impérial, notamment sur le
décret du 3 floréal an XI, qui avoit eu pour objet de rejeter sur
les émigrés, à la décharge du trésor public, leurs dettes que ce
trésor auroit dû acquitter ; et il seroit injurieux pour un gouver-

nement juste et légitime de vouloir profiter des dispositions d'un pareil acte; la seconde réponse est que ces actes du dernier gouvernement, en supposant qu'ils puissent être encore légalement invoqués aujourd'hui, ne pourroient être appliqués qu'aux biens rendus aux émigrés amnistiés par le sénatus-consulte du 6 floréal an X, et qu'ils seroient sans force pour régir ou créer des droits aux créanciers, sur des biens rendus en vertu de la loi du 5 décembre 1814. C'est ce que cette loi a elle-même reconnu implicitement, en ne permettant aux créanciers des émigrés que des actes conservatoires sur les biens rendus, et en réservant de fixer par une loi spéciale les droits des créanciers contre leurs débiteurs. La question est donc entière; le législateur peut donc statuer entre les créanciers et les débiteurs, et prononcer ce que la justice, la raison et l'équité peuvent demander, dans le cas qui lui est soumis. On dit *ce que peuvent demander la justice, la raison et l'équité;* car la loi n'est pas la volonté arbitraire du législateur : le souverain ou le législateur ne fait pas le droit; il le déclare.

Avant de se livrer à l'examen des droits des créanciers des émigrés sur les biens qui leur ont été rendus par la loi du 5 décembre 1814, il est une première proposition à établir; c'est que cette restitution de leurs biens, ou plutôt cette remise leur a été faite *à titre de grâce* et non *à titre de justice.* On verra, dans le cours de cette discussion, les conséquences de cette proposition.

§. II.

Les biens non vendus des émigrés remis par la loi du 5 décembre 1814, leur sont-ils rendus à titre de justice ou à titre de grâce?

D'abord est-il vrai, comme quelques jurisconsultes l'ont décidé, et comme des arrêts de cours royales l'ont jugé, que, par la loi du 5 décembre 1814, toute trace d'émigration a été effacée, et que les biens provenant des confiscations sur les émigrés sont restés, par une fiction de droit, dans le patrimoine des émigrés,

3

nonobstant la réunion de leurs biens au domaine de l'Etat ? ou, en d'autres termes, la remise ordonnée par cette loi opère-t-elle une véritable restitution en entier en faveur des anciens propriétaires, qui efface toute trace d'émigration, de séquestre et de confiscation des biens ? Non : c'est une erreur évidente, que l'article 1ᵉʳ de la loi du 5 décembre 1814 suffit pour détruire sans retour; il paroît impossible d'admettre aucune de ces propositions; le texte et l'esprit de la loi les repoussent également.

Qu'est-ce que la restitution en entier ?

L'auteur du Nouveau Répertoire de Jurisprudence la définit d'après les lois romaines : « Un bénéfice que les lois accordent à » celui qui a été lésé dans un acte où il a été partie, *pour le re-* » *mettre au même état où il étoit avant cet acte*, s'il y a juste cause » de le faire. » *Verb. Restitution en entier.*

Ainsi, pour qu'il y ait restitution en entier, il faut que l'individu restitué soit remis au même état où il étoit avant l'acte par lequel il a été lésé : c'est la définition que la loi elle-même donne, dans le cas particulier de la restitution en entier d'un condamné à une peine emportant, comme celle prononcée contre les émigrés, la mort civile et la confiscation des biens. « *Ut autem scias, quid sit* » *in integrum restituere, honoribus et ordini tuo, omnibus cæteris* » *restituo.* » Leg. 1, Cod. de sentent. pass.

Pérézius, sur ce titre du Code, num. 5, établit que, dans le cas de la restitution en entier, le condamné recouvre tout à la fois sa dignité, sa réputation et tous ses biens, ou le prix de ces biens s'ils ont été vendus par le fisc : *restitutus recuperat simul dignita-* » *tem, famam, bona omnia, vel eorum pretium, si à fisco alienata* » *sunt, et ex bonis factus est locupletior.* » Pérézius.

La restitution, continue Pérézius, opère la restitution du condamné dans son premier état et dans tous ses droits, comme s'il n'en avoit jamais été privé : il recueille les successions qui lui étoient échues durant les effets de sa condamnation, et il peut demander l'envoi en possession des biens contre les héritiers qui les ont recueillis à son préjudice. *Operatur itaque restitutio redintegra-*

tionem prioris statûs, et omnium jurium ac si ablata non fuissent.
Hinc restitutus hæreditatem alteri delatam recuperat, et bonorum
possessionem petens ad eam admittitur. Leg. 1, §. fin. ff. de bon.
possess. contr. tab. *Repulso etiam nepote qui ad hæreditatem alias*
restituto competentem erat admissus. Fachin., lib. 1, controv.
cap. 39.

La loi 13, §. 4, *Cod. de sentent. pass.*, étoit aussi formelle. En
voici les expressions : *Ideoque tantum ad restitutionem indulgentia*
valeat, quantum ad correctionem sententia valuit : estque deporta-
tionis ipsum per se nomen rerum omnium spoliatio est, ita indulgentiæ
restitutio bonorum ac dignitatis, uno nomine amissorum omnium
sit recuperatio.

L'effet de la pleine restitution, dit Voet, *in tit. ff. de sentent.*
pass. et restitut., num. 3, est de faire recouvrer au condamné tous
les biens qui lui avoient été confisqués en exécution de la sentence de
condamnation, et qui avoient été occupés par le fisc. *Plenissimæ*
restitutionis hujus effectus est quod cum reliquis juribus sententiâ
amissis restitutus, etiam sua bona recuperat per fiscum occupata.
Vide leg. 75, ff. *de verb. signif., et leg.* 173, §. 1, ff. *de regul. jur.*

« On peut distinguer en général, dit M. d'Aguesseau (dans son
» 57° plaidoyer dans l'affaire du duc de Guise, t. 5), deux sortes
» de restitutions : les unes *de justice*, les autres *de grâce*, et cette
» distinction s'applique à celles qui rétablissent les condamnés dans
» la possession de leur état.

» Les premières sont des restitutions accordées par la loi même
» à celui qui vient se justifier devant la justice, des absolutions plutôt
» que des restitutions, des preuves de l'innocence du sujet, et non
» pas de l'indulgence du souverain.

» Les secondes sont, au contraire, de véritables grâces, marques
» éclatantes de la bonté du prince, qui, comme loi vivante, a le
» droit de faire cesser en certaines occasions le pouvoir des lois
» générales, et de suspendre le cours de sa justice pour signaler sa
» clémence. »

Nos lois révolutionnaires nous fournissent elles-mêmes un

3.

exemple remarquable de la pleine restitution et de ses effets ; c'est la loi du 18 prairial an III. Comme cette remise étoit une remise de justice et non une remise de grâce, l'art. 1er de la loi déclara que « les confiscations de biens étoient considérées comme non » avenues, et que les séquestres seroient levés. »

Dans la crainte même qu'on ne prétendît que les hypothèques, que l'État pouvoit avoir sur ces biens avant la confiscation, étoient éteintes, l'art. 7 porte : « Que la disposition de l'art. 1er, en ce » qu'elle ordonne la restitution des biens confisqués par des juge- » mens rendus révolutionnairement, ne préjudiciera point aux » droits, créances, actions et indemnités de la république sur les » biens des régisseurs, fournisseurs, comptables ou dilapidateurs » qui auront été condamnés révolutionnairement ; lesdits droits, » créances, actions et indemnités sont réservés pour être exercés » civilement ; à cet effet, les *hypothèques et séquestres établis* » *avant les condamnations à mort tiennent et subsistent.* »

L'art. 17 ordonne que les biens-meubles et immeubles qui avoient été frappés de la confiscation levée par la présente loi, et qui seront encore sous la main de la république, seront remis aux conjoints survivans, aux enfans ou autres héritiers.

Les ventes des meubles ou immeubles des condamnés, faites avant le décret du 30 ventose an III, étoient confirmées ; mais le prix qui avoit été payé ou qui seroit payé au trésor public devoit être restitué au conjoint survivant ou aux héritiers du condamné. (Art. 21.)

Les receveurs, régisseurs ou séquestres étoient tenus de fournir dans le mois aux héritiers un état de ce que le trésor avoit retiré par suite de la confiscation. (Art. 229.)

La restitution étoit pleine et entière ; l'État restituoit tout ce qu'il avoit retiré des confiscations ; on reconnut même le principe, que les héritiers avoient droit à la restitution des fruits perçus par l'État, en décidant (art. 18) que ces fruits resteroient COMPENSÉS avec les frais de gardiens et de séquestre.

Les fruits n'appartenoient donc pas à l'État, puisqu'ils ne lui restoient qu'à titre de *compensation des avances* faites par lui pour le séquestre.

Aussi la cour de cassation, par un arrêt du 23 thermidor an X, rapporté dans les Questions de Droit de M. Merlin, *verb. Confisca-tion*, §. 2, a-t-elle jugé « que le bénéfice de la restitution ordonnée » par la loi du 21 prairial an III, des biens confisqués sur les per- » sonnes condamnées par jugement révolutionnaire, appartenoit » aux personnes qui, au temps de la mort des condamnés, étoient » leurs plus proches parens, et non à celles qui, à l'époque de la » publication de la loi du 21 prairial an III, se trouvoient dans le » plus prochain degré de successibilité. »

Et la cour de cassation a décidé le contraire relativement aux biens rendus en vertu de la loi du 5 décembre 1814, par un arrêt du 29 janvier 1819, que nous rapporterons plus bas.

Maintenant, peut-on dire que la loi du 5 décembre 1814 a opéré la restitution en entier des émigrés, dans le sens que nous venons de voir que les lois attachent à ce mot *restitution en entier*, *plenissima restitutio*, lorsque le premier article de cette loi dispose, en termes exprès, que « sont maintenus et sortiront leur plein et » entier effet, soit envers l'Etat, soit envers les tiers, tous jugemens » et décisions rendus, tous actes passés, tous droits acquis avant la » publication de la Charte constitutionnelle, et qui seroient fondés » sur des lois et des actes du gouvernement relatifs à l'émigration ; »

Lorsque l'art. 3 déclare qu'il n'y aura lieu à aucune remise des fruits perçus ;

Lorsque l'art. 7 excepte de la remise les biens affectés à un service public pendant le temps qu'il sera jugé nécessaire de leur laisser cette destination ;

Enfin, lorsque l'art. 8 excepte les biens dont il a été définitivement disposé en faveur des hospices, maisons de charité et autres établissemens de bienfaisance ?

C'en est assez, sans doute, pour établir que la loi du 5 décembre 1814 n'a pas opéré une restitution en entier des émigrés.

Mais, au moins, cette loi n'a-t-elle pas opéré une *restitution* des biens des émigrés en faveur des propriétaires qui avoient souffert la confiscation de leurs biens par les lois sur les émigrés? Pas davantage. Il est notoire, par les débats qui ont précédé l'admission de la loi, et qui ont eu lieu dans la Chambre des Députés, que les auteurs de la loi ont attaché au mot *remise des biens*, qui est dans la loi, un sens différent de celui de *restitution des biens*, qui se lisoit dans le projet de loi. Ces débats ont prouvé que ce n'étoit pas une *restitution* que l'on entendoit faire, mais une *remise*; qu'on a voulu rejeter toute expression qui pouvoit donner lieu de croire que les émigrés confisqués n'avoient pas cessé d'être propriétaires; que de la part de l'Etat il y avoit eu *usurpation*, *détention illicite*; que la propriété que l'Etat avoit eue des biens des émigrés n'étoit pas légale, quoique cette propriété fût fondée sur le texte de la loi.

Ces réflexions simples écartent, non seulement cette idée fausse que la loi a opéré une restitution en entier, ou même une simple *restitution*, mais encore cette autre supposition, non moins fausse, que toute trace d'émigration, de séquestre et de confiscation, a été effacée par la loi du 5 décembre 1814, et que les biens sont censés n'être jamais sortis des mains des anciens propriétaires.

Et comment admettre que, dans son esprit, à défaut de son texte qui repousse ce système, la loi du 5 décembre 1814 ait une rétroactivité telle, que la confiscation n'ait pas eu lieu, que n'ait pas eu lieu la mort civile des émigrés, qu'aient existé des droits civils dans un temps où ils n'existoient pas; qu'un pouvoir qui n'étoit pas, puisse être censé avoir été?

Ces observations ne tirent-elles pas une nouvelle force de ces termes de l'article 2? « Tous les biens-immeubles séquestrés ou » confisqués, qui n'ont pas été vendus, et *font actuellement* » *partie du domaine de l'État*, seront rendus à ceux *qui en étoient* » *propriétaires*. »

N'est-il pas évident qu'ici la loi a reconnu et distingué deux époques; une première, à laquelle les émigrés confisqués avoient été propriétaires, et une seconde, à laquelle les émigrés ont été dépouillés de leurs biens, et où ces biens sont devenus la propriété de l'Etat. Donc, la loi du 5 décembre 1814, en maintenant par son article 1er tous les actes passés durant la possession de l'Etat, et fondés sur les lois ou des actes du gouvernement, relatifs à l'émigration, n'a pas effacé, comme on le prétend, toute trace de séquestre et de confiscation. Donc, elle n'a pas opéré la restitution des émigrés.

Ici se présente cette question : Si la loi du 5 décembre 1814 n'a point opéré une *restitution* aux émigrés de leurs biens, qu'a-t-elle donc opéré ? Nous répondons avec la loi elle-même, qu'elle a fait aux anciens propriétaires, et, à leur défaut, à leurs héritiers ou ayans cause, la *remise* de leurs biens invendus, la *remise*, c'est-à-dire l'*abandon*, le *délaissement*. L'Etat en étoit propriétaire, il s'en est dessaisi, il en a fait *don* aux anciens propriétaires ou à leurs héritiers ou ayans cause, de la même manière et par les mêmes principes que, dans notre ancienne jurisprudence, le Roi faisoit la remise des biens confisqués aux parens des condamnés, et que, dans ces derniers temps, les biens ont été, par la loi du 9 décembre 1790, rendus aux parens des religionnaires fugitifs.

Ces remises étoient, comme celles faites aux émigrés, des remises à titre de *grâce* ; les biens étoient rendus *ratione gratiæ*, et non pas *ratione justitiæ*.

De là étoit née cette question souvent agitée dans notre ancienne jurisprudence : « Si les biens confisqués, qui étoient donnés et » remis par le Roi au coupable, conservoient la qualité de propres » dans sa personne ; et si, ces biens étant donnés et remis aux » héritiers du coupable, ils leur étoient *propres*, de même que s'ils » y avoient succédé, *jure hereditario ?* »

D'Argentré, sur l'art. 418 de la Coutume de Bretagne, *glos.* 2, *num.* 19, décide que, lorsque la restitution du condamné a lieu par la puissance et le bienfait du prince, les biens sont acquis à l'ancien propriétaire par un titre nouveau, qui fait que les biens rendus perdent leur ancienne qualité de *propres*, et deviennent des acquêts : « *Sed ista cùm fiunt ab absoluta principum auctoritate, et gratiá* » *promanant, ideoque quod his ex causis tribuitur novus titulus*

» *et acquæstus putátur, et ex die concessionis acquiritur antè per-*
» *ditum, etiam si enuntiatio contineat annullationem judicati.* »

Basnage, sur l'art. 329 de la Coutume de Normandie, pose ainsi
la question : « On ne doute point, que si l'accusé se justifie, et qu'il
» fasse cesser le jugement par les voies de justice, les choses ne
» demeurent en leur premier état ; mais quand il n'est rétabli que
» par la pure grâce du prince, et par son autorité absolue, il
» semble que par cette abolition du crime il possède son bien par
» un nouveau titre, et que c'est un acquêt, et que ce qui étoit
» perdu auparavant se rétablit du jour de la grâce du prince.
» *Novus titulus et acquæstus putatur, et ex die concessionis acqui-*
» *ritur antè perditum.* »

Il trouve cette dernière décision douteuse, et il lui préfère
l'opinion de Chopin, Traité du Domaine, *liv. I, tit.* 8, *num.* 2,
qui tient indistinctement que les biens ne changent point de nature,
et que c'est l'opinion la plus commune et la plus véritable.

Au reste, Basnage convient que cette question a été diversement
jugée au parlement de Paris : Si les terres confisquées, données et
remises par le Roi aux héritiers du condamné, tiennent lieu d'acquêts
ou de propres ? On a fait différence entre les enfans et les héritiers
collatéraux. Dans la première partie du Journal des Audiences,
liv. III, ch. xxvii, l'auteur dit que c'est un usage qui est aussi
attesté par M. Lebret, en son Traité de la Souveraineté, liv. III,
ch. xv, et par Brodeau, sur l'art. 183 de la Coutume de Paris,
que « les biens sont réputés *propres* aux enfans, pour appartenir
» à eux de leur côté et ligne ; car la raison naturelle, comme une
» certaine loi tacite, accorde aux enfans les biens de pères, en les
» appelant à la succession. » *Leg.* 7 , ff. *de bon. damnat.*

Pour les collatéraux, la même chose se pratiquoit aussi autrefois ; mais le parlement de Paris avoit abandonné cette jurisprudence par l'arrêt donné entre les héritiers de la dame de Vatan,
sur les conclusions de M. l'avocat-général Talon, par lequel il a
été jugé que les terres confisquées et données par le Roi sont un
acquêt et non un propre, la confiscation étant une aliénation par-

faite et nécessaire, qui dépouille le propriétaire, et que la grâce et la libéralité du Roi est un acte de clémence qui ne détruit pas celui de la justice. (*Voyez* cet arrêt rapporté dans le Journal des Audiences, tom. I.)

Depuis l'époque où Basnage écrivoit, la jurisprudence s'est consolidée dans le sens de l'arrêt de Vatan, de l'année 1640, et cette jurisprudence a même été étendue aux biens recueillis en ligne directe par les héritiers des condamnés. On citera, comme ayant établi cette nouvelle jurisprudence, l'arrêt de *Lameth*, rapporté au 4ᵉ volume du Journal des Audiences, liv. VI, ch. III, sous la date du 26 janvier 1683; celui du 29 janvier 1692, en faveur de l'abbé de Feuquières, rapporté dans le même journal, liv. VII, ch. VI.

Avant même que ces arrêts intervinssent, MM. les avocats-généraux, s'expliquant sur cette question, avoient pris un parti conforme à leurs décisions, comme on le voit par les plaidoyers de M. l'avocat-général Talon, sur lesquels les arrêts du 15 juin 1640, et du 13 août 1671, rapportés au même journal, sont intervenus.

Pérégrinus, *Resolut. de jur. fisc.*, en rend la raison : « *Capiunt* » *illa bona, non uti heredes condemnati, sed imperatoris beneficio.*

. » *Ils recueillent* les biens, non en qualité d'héritiers du con-» damné, mais par le bienfait du prince. »

C'est sur cette raison que M. Talon, lors des arrêts qu'on vient de citer, et M. de Lamoignon, lors de celui du 29 janvier 1692, appelé l'arrêt de Feuquières, se déterminèrent.

« Quand la condamnation a été exécutée, disoit M. l'avocat-général » Talon, quoique le Roi fasse grâce, il n'y a point de restitution, » point de remise de la confiscation, il n'y a qu'une grâce, une » libéralité, une donation. Le Roi dispose de ce qui lui appartient; » au lieu de donner à un étranger, comme il le pouvoit, il le donne » aux parens du défunt; et la considération de cette parenté, qui » n'est pas une condition nécessaire pour le don, mais seulement » une raison impulsive et excitative, ne change rien dans la nature

4

» de l'action du Roi, qui, ayant été une fois propriétaire, a inter-
» rompu l'ordre successif. »

M. l'avocat-général de Lamoignon disoit « que les biens con-
» fisqués, étant ensuite donnés par le Roi aux enfans du condamné,
» perdoient, par l'acquisition que le Roi en faisoit, tout ce qui
» les rendoit ci-devant affectés à la famille ; qu'ainsi cela ne de-
» voit être considéré que comme une libéralité toute pure qui les
» rendoit acquêts. »

Ces célèbres magistrats établissoient que la confiscation étoit
une aliénation parfaite qui dépouilloit le propriétaire, *leg.* 1, ff.
de bon. damnat.; et *leg.* 2, *cod. de bon. proscript.;* que le don du
Roi, qui étoit postérieur, étoit un acte de clémence qui ne détrui-
soit pas celui de la justice ; et que pour réputer les biens propres
en particulier, il faudroit admettre plusieurs fictions : la première,
que le condamné n'avoit point cessé d'être propriétaire ; la seconde,
que la propriété n'avoit pas été acquise au Roi ; la troisième, que
les enfans ont succédé à leur père, puisqu'il n'y a que la succession
qui puisse opérer la qualité de propre.

Par les mêmes raisons il nous semble qu'on peut dire que, pour
qu'il fût vrai que, par la loi du 5 décembre 1814, toute trace
d'émigration a été effacée, et que les biens provenant des confiscations sur les émigrés, étoient restés, par une fiction de droit,
dans le patrimoine des émigrés, nonobstant leur inscription sur
la liste des émigrés, et nonobstant leur réunion au domaine de
l'Etat, il faudroit admettre plusieurs fictions toutes également impossibles. La première, que tous les effets produits par les lois
contre l'émigration sur la personne et sur les biens des émigrés,
ont été anéantis, et qu'ils sont considérés par la loi comme n'ayant
jamais existé ; la seconde, que l'Etat n'a jamais été un seul instant propriétaire des biens confisqués sur les émigrés, et que ces
biens n'ont jamais été unis et incorporés au domaine de l'Etat ; la
troisième, que les émigrés, pendant leur inscription sur la liste,
n'ont pas été frappés de mort civile, qu'ils ont pu recueillir ou
transmettre des successions, et qu'ils ont été capables de la jouis-

sance de tous les droits civils, comme s'ils n'eussent jamais encouru la mort civile.

On dit que ces fictions sont impossibles, car elles sont textuellement proscrites par la loi du 5 décembre 1814 (art. 1er), qui maintient « tous jugemens et décisions rendus, tous actes passés, » tous droits acquis avant la publication de la Charte constitu- » tionnelle, et qui seroient fondés sur des lois ou des actes du gou- » vernement, relatifs à l'émigration ; » et par les articles 2 et 4, qui déclarent que les biens des émigrés qui n'ont pas été vendus, *font actuellement partie du domaine de l'Etat.*

Enfin, par l'art. 3 qui a statué qu'il n'y auroit lieu en faveur des propriétaires restitués à aucune remise des fruits perçus par l'Etat pendant sa possession.

Ces fictions seroient d'ailleurs en contradiction avec la jurisprudence la plus constante de toutes les cours du royaume et de la cour de cassation. Au reste, ce qui ne permet plus aucun doute sur le véritable sens de la loi du 5 décembre 1814, et sur la nature du titre qui appartient à la remise des biens ordonnée par cette loi, c'est l'arrêt que la cour de cassation a rendu le 25 janvier 1819 dans la célèbre affaire de *M. d'Espinay de Saint-Luc*, contre M. l'abbé Duclaux, légataire universel de Mme la duchesse de Sully. Cet arrêt rapporté dans le Journal du Palais, tom. 1er de l'année 1819, a décidé formellement (c'est en ces termes que la question jugée par la cour de cassation est posée par l'arrêtiste) : « qu'en » rendant aux émigrés, ou à leurs héritiers ou ayans cause, les » biens non vendus qui avoient été frappés de confiscation, et » réunis au domaine de l'Etat, la loi du 5 décembre 1814 avoit » entendu consacrer, non pas une restitution en entier, mais un » *acte de pure libéralité*, qui n'avoit rien de rétroactif.

» En conséquence que si l'émigré étoit décédé avant la loi du 5 » décembre 1814, c'étoit à ses plus proches parens lors existans, » et non au légataire universel de son héritier aussi décédé, que » les biens rendus devoient appartenir. »

Voici en peu de mots l'espèce de l'arrêt :

4.

M. d'Espinay de Saint-Luc, marquis *de Lignery*, ayant quitté la France en 1789, tous ses biens furent frappés de confiscation.

Après son décès, arrivé en Souabe le 3 février 1799, la duchesse de Sully, sa fille et son héritière, se présenta, et obtint du gouvernement, alors existant, la restitution des biens invendus, à l'exception de deux cents hectares de bois qui restèrent réunis au domaine de l'Etat, aux termes du sénatus-consulte d'amnistie du 6 floréal an X (art. 17).

Le 30 janvier 1809, décès de Mme la duchesse de Sully ; la succession dans laquelle se trouvoit confondue celle du marquis de *Lignery* son père, fut recueillie par l'abbé Duclaux, qu'elle avoit institué son légataire universel.

Les choses étoient en cet état quand la loi du 5 décembre 1814 a été portée : alors la question s'est élevée de savoir à qui profiteroit la remise des deux cents hectares de bois retenus par l'Etat en vertu du sénatus-consulte de l'an X, étoit-ce à l'abbé Duclaux, le représentant ou l'ayant cause de Mme la duchesse de Sully, laquelle étoit héritière du marquis de *Lignery* son père, sur qui les biens rendus avoient été confisqués ? Etoit-ce au contraire à M. *d'Espinay de Saint-Luc*, comme étant le plus proche parent du confiscataire, existant au moment de la promulgation de la loi, qui prononçoit la remise des biens confisqués ?

Si la loi du 5 décembre avoit entendu effacer, faire disparoître tous les effets de la confiscation, même pour le passé, il est certain que Mme de Sully, qui, dans cette supposition, seroit censée avoir recueilli les bois litigieux, auroit transmis à son légataire universel le droit de les revendiquer, parce que ce droit se seroit trouvé dans sa succession ; que dès lors ces bois auroient dû appartenir au légataire universel.

Si, au contraire, cette loi ne disposoit que pour l'avenir, si elle avoit seulement entendu consacrer un acte de libéralité et de munificence envers les familles d'émigrés, il est hors de doute que Mme de Sully, étant décédée avant d'avoir été saisie de cette libéralité, ou du droit de la réclamer, n'avoit pu transmettre à son légataire universel un droit qu'elle n'avoit pas elle-même ; et, dans ce cas, M. d'Espinay de Saint-Luc, comme plus proche parent de l'ancien propriétaire, devoit profiter seul du bénéfice de la remise des biens.

La première de ces deux opinions avoit été adoptée par un jugement du tribunal de première instance du département de la Seine, et par un arrêt confirmatif de la cour royale de Paris, du 29 juillet 1816 ; on remarquoit parmi les motifs du jugement de première instance, confirmé par l'arrêt, « que la remise des » biens, faite par la loi du 5 décembre 1814, quant aux biens exis- » tant encore en nature dans le domaine public, opéroit une vé- » ritable restitution en entier en faveur des anciens propriétaires, » et effaçoit à cet égard et dans les termes de la remise toute trace » d'émigration, de séquestre ou de confiscation ; que dès lors les- » dits biens sont censés n'être plus sortis des mains desdits anciens » propriétaires, qui les ont transmis à leurs héritiers ou ayans » cause. » Mais cet arrêt a été cassé par un arrêt de la section civile du 25 janvier 1819, au rapport de M. le conseiller Carnot, et après qu'il en a été délibéré en la chambre du conseil par les motifs qu'on va transcrire : « Attendu que lors de la promulga- » tion de la loi du 5 décembre 1814, le domaine de l'Etat se » trouvoit propriétaire légal des biens qui avoient été confisqués » sur les émigrés, et qui n'avoient été ni vendus ni aliénés par » suite des lois sur l'émigration ; que la loi du 5 décembre a bien » fait cesser, du moment où elle a été publiée, tous les effets de » la confiscation sur lesdits biens, mais qu'elle ne les a pas abolis » pour le passé, de manière à faire considérer ces biens comme » n'étant jamais sortis des mains des anciens propriétaires ; que » ce fut même pour écarter les doutes qui auroient pu s'élever à » cet égard, que le mot *restitué*, qui se lisoit dans le projet de la » loi du 5 décembre, en fut retranché pour y substituer le mot » *rendu*, qu'il ne peut donc être question de restitution dans » l'application de la loi du 5 décembre 1814, et encore moins de » restitution en entier : d'où suit que les biens confisqués sur les

» émigrés, et réunis au domaine de l'Etat, qui ont été rendus par
» ladite loi, *ne l'ont été réellement qu'à titre de libéralité.*

» Attendu que pour être habile à recueillir une libéralité, il faut
» avoir capacité pour la recevoir ; et que, dans l'espèce, l'ancien
» propriétaire et la duchesse de Sully son héritière étoient décédés
» long-temps avant qu'ils pussent profiter du bienfait de la loi ;
» que les biens remis à ce titre ne purent dès lors faire partie de
» leurs successions ; et par suite que l'on ne peut dire qu'il y aura
» deux successions du même individu, parce que ces biens passe-
» ront en d'autres mains qu'entre celles du légataire universel de
» la duchesse de Sully ; que la qualité de légataire universel de la
» duchesse de *Sully* ne donne droit à l'abbé *Duclaux* qu'aux biens
» délaissés par la testatrice à son décès, suivant l'article 1003 du
» Code civil ; et que non seulement la duchesse de *Sully* ne possé-
» doit pas les bois dont il s'agit à son décès, mais qu'elle n'avoit
» non plus aucun droit de les réclamer ; qu'on ne peut admettre
» la fiction que les biens rendus par la loi du 5 décembre 1814,
» l'ont été réellement à la succession de la duchesse de *Sully*,
» puisque cette fiction auroit pour résultat de donner à cette loi
» un effet rétroactif, ce qui seroit une violation ouverte de l'ar-
» ticle 2 du Code.

» Attendu d'ailleurs que la duchesse de Sully n'a légué ni pu lé-
» guer à l'abbé *Duclaux* la propriété des biens qui n'ont été ren-
» dus qu'après son décès ; que ces biens ne se trouvoient pas en
» effet nominativement compris dans sa disposition ; et que lors
» même qu'ils y auroient été nominativement compris, ils y au-
» roient été inutilement, puisqu'ils se trouvoient être alors irrévo-
» cablement réunis au domaine de l'Etat, et que l'article 1021 du
» Code civil prononce la nullité des legs de la chose d'autrui ; que
» c'est avec aussi peu de raison que l'abbé *Duclaux* prétend re-
» cueillir de son chef les biens rendus par la loi du 5 décembre,
» attendu qu'il ne le pourroit en sa qualité de légataire universel
» de la duchesse de *Sully* ; et qu'un représentant ne peut avoir
» plus de droit que la personne qu'il représente ; que si le légataire

» universel, lorsqu'il n'y a pas d'héritier à réserve, se trouve
» placé sur la même ligne que l'héritier naturel, c'est par une fic-
» tion de droit qui ne peut être invoquée dans les matières que
» régit une législation spéciale : qu'aussi, toutes les fois qu'il avoit
» été question de savoir qui devoit profiter des remises de confis-
» cation, ou de l'héritier institué, ou de l'héritier du sang, *il avoit*
» *été dans tous les temps reconnu et déclaré que la remise étoit faite,*
» *non par la voie civile des successions, mais bien par la voie na-*
» *turelle de justice et d'équité, au profit de la famille des anciens*
» *propriétaires,* que la loi du 5 décembre 1814 est une loi poli-
» tique et spéciale qui doit trouver son interprétation dans les
» motifs qui l'ont fait rendre, et qu'il n'y auroit eu ni justice ni
» motifs de convenance et d'équité à rendre les biens confisqués
» sur les émigrés, pour en gratifier des étrangers à leurs familles, »
La cour casse, etc.

La cour royale de Rouen, par-devant qui l'affaire avoit été ren-
voyée par la cour de cassation, a, par arrêt du 22 juillet 1819,
jugé la question dans le même sens que l'arrêt de la cour de cassation (1).

Cette importante décision justifie et met hors de toute contradiction la proposition que nous avons énoncée ci-dessus, que la

---

(1) Voilà les motifs donnés par l'arrêt, tels que nous les transcrivons sur une
expédition authentique de l'arrêt :

Vu l'art. 1003 et l'art. 1021 du Code civil, portant : art. 1003, le legs
universel, etc.

Art. 1021, lorsque le testateur aura légué la chose d'autrui, etc. Vu aussi
l'article 2 de la loi du 5 décembre 1814. Tous les biens immeubles séquestrés, etc.

Attendu qu'il n'est pas contesté au procès que le marquis d'Espinay-Saint-
Luc, partie appelante, est de la famille de Timoléon, comte d'Espinay-Saint-
Luc-de-Lignery, décédé en 1799 à Constance en Souabe, durant son émigra-
tion, et dont la fille unique avoit épousé le duc de Sully ;

Attendu que l'abbé Duclaux, légataire universel de la duchesse de Sully, restitution , ou plutôt la remise des biens des émigrés , prononcée par la loi du 5 décembre 1814 , est une restitution faite à titre de grâce ou de libéralité , et non à titre de droit ou de justice.

En effet, si la restitution des biens avoit été faite à titre de justice , elle auroit dû comprendre les meubles comme les immeubles, et on verra plus bas que l'Etat conserve la propriété des choses meubles , ou réputées meubles , dont la loi du 5 décembre 1814 ne parle pas explicitement , ainsi que les fruits perçus par l'Etat durant l'émigration , et le produit des immeubles aliénés , ou au moins ce que l'Etat en avoit retiré. *Vid. Bruneman, in leg. ultim. cod. de sentent. pass.*; Pérégrinus, *de jur. fisc.*, lib. V, tit. 11, num. 27. C'est une conséquence nécessaire de la loi, d'après la définition légale du mot *restituer : restitutionis verbum cum lege invenitur, et si non specialiter de fructibus additum, tamen et fructus sunt restituendi*, leg. 173 , §. 1 , ff. *de regul. jur.* La restitution auroit dû

---

décédée en France le 10 juin 1809, ne pouvoit être admis à débattre le degré de parenté du marquis d'Espinay-Saint-Luc avec le comte Timoléon et la duchesse de Sully sa fille, qu'autant qu'il auroit eu lui-même titre et qualité pour former contre l'appelant la demande en revendication des quatre cents arpens de bois qui font le sujet du litige ;

Attendu que les biens revendiqués n'ont jamais appartenu à la duchesse de Sully; qu'ils ont été frappés de confiscation dans la main du comte Timoléon son père , lorsqu'il étoit en état d'émigration; que de ce moment ils sont devenus la propriété de l'Etat, et ont été définitivement réunis au domaine public; qu'avant et lors de son décès, la duchesse de Sully n'avoit ni droit, ni action sur lesdits biens, et ne pouvoit pas plus les transmettre à titre gratuit qu'à titre onéreux ; que dans le fait elle n'en a point disposé; qu'ils ne font point partie de l'actif de sa succession , et par conséquent ne sont point entrés dans la matière du legs par elle fait à l'abbé Duclaux ;

Attendu que la loi du 5 décembre 1804 est une loi fondée sur le droit naturel et politique, un acte de munificence et de grâce dont l'objet a été de diminuer la perte de la fortune des familles d'émigrés, en leur remettant ceux de leurs biens libres d'engagement ou d'affectation, qu'il étoit possible de leur rendre sans nuire aux droits des tiers ;

Attendu qu'il n'est point entré dans la pensée du législateur d'enrichir des

(33)

même s'étendre jusque sur les biens aliénés par l'Etat, et la jurisprudence nous en fournit des exemples, c'est ce qui a été jugé par
un arrêt du parlement de Paris, rapporté par Bacquet, Traité
des droits de justice (chap. 16), num. 4, en ces termes : « De fait,
» le Roi Henri II, ayant rappelé par édict général tous ceux, les-
» quels, pour le fait de la religion, s'étoient absentés du royaume,
» leur ayant donné abolition générale et restitution en tous biens,
» en abjurant : un quidam étant retourné au royaume, lequel, par
» sentence donnée l'an 1555, par défaut et contumace, avoit été
» condamné à mort pour crime d'hérésie, et ses biens confisqués,
» desquels le duc d'Orléans, lors seigneur de Cognac, avoit fait
» don à un gentilhomme qui les avoit, en l'an 1546, vendus ; ledit
» quidam appelle de la sentence contre lui donnée, fait intimer le
» détenteur de ses biens confisqués : et par arrêt donné le 25 juin
» 1562, cedit quidam est remis en tous les biens qui appartenoient

étrangers au préjudice des anciens possesseurs, ou de leurs légitimes représentans; qu'en faisant cette remise il a eu essentiellement en vue, 1°. la personne de
l'émigré, au cas où il seroit encore vivant; 2°. ses parens dans l'ordre de leur
successibilité; 3°. les cessionnaires ou ayans cause des appelés, c'est-à-dire des
successibles, existans lors de la remise décrétée, la loi n'ayant point évoqué les
morts pour les faire participer au bienfait;

Et vu que l'abbé Duclaux n'est point membre de la famille de Timoléon,
comte d'Espinay-Saint-Luc, des biens duquel il s'agit; vu qu'il n'a d'autres
titres que celui qu'il tient de la libéralité de la duchesse de Sully, qui n'a jamais
été saisie desdits biens, et qui, par son décès antérieur à la loi du 5 décembre
1814, n'a pu lui transmettre et ne lui a transmis sur eux aucun droit, vu enfin
qu'il n'est le représentant ni l'ayant cause d'aucune des personnes appelées par
la loi à les recueillir ;

La cour, parties ouïes par l'organe de leurs avocats, etc.

Faisant droit sur l'appel, met l'appellation et ce dont est appel au néant;
corrigeant et réformant, reçoit le marquis d'Espinay-Saint-Luc opposant au
jugement contre lui rendu par défaut le 25 février 1815, rapporte ledit jugement
comme surpris, statuant sur l'action de l'abbé Duclaux, le déclare non-rece-
vable dans sa demande en revendication, avec dépens des causes principale et
d'appel, dans lesquels entreront ceux faits en la cour de Paris.

5

» lors de la condamnation contre lui donnée, et le détenteur con-
» damné à rendre les fruits par lui perçus depuis l'adjournement
» à lui donné, et sans dépens. »

Cette décision est fondée sur ce que, ainsi que le fait remarquer le savant Bacquet, dans les restitutions de justice, « les biens
» confisqués doivent être entièrement rendus à l'impétrant, soit
» qu'ils aient été vendus ou donnés par le Roi, ou par le haut-jus-
» ticier ; d'autant que tout est mis au néant, et l'accusé se repré-
» sentant en justice, *exstinguit judicatum.* »

C'est aussi le sentiment de tous les anciens jurisconsultes, et
particulièrement du célèbre Dumoulin, qui pose ce principe avec
son énergie ordinaire (pour le cas où le vassal ayant été condamné
à une peine emportant la mort civile, obtient ensuite du prince
une pleine restitution) : *plenam et integram restitutionem ; quia,*
dit Dumoulin, *ipso jure reviviscit, et recuperat bona etiam in ter-
tium alienata, dummodò alienatio immediatè ex sententiá et confis-
catione processerit.* Dumoulin *in Consuetudine Paris.,* tit. 1, § 1,
glos. 9, in verbo *pendant ladite main mise,* num. 41.

Nous citerons encore *Matheus* dans son traité *de criminibus, ad
titul.* 19, lib. 48 : « *Utrobique tamen excipiendi qui innocentes*
» *damnati restituti sunt : his enim bona omnia restituenda, sive jam*
» *alienata sint, vel lege apud proximos pervenerint, sive adhuc*
» *apud fiscum reperiantur.* »

Mais les émigrés n'ayant pas récupéré ceux de leurs biens confisqués, qui avoient été aliénés, ni seulement le prix que l'Etat en
avoit perçu, on est suffisamment autorisé à conclure de là qu'ils
n'ont pas obtenu une restitution de justice, *plenam et integram
restitutionem.*

Enfin, nous permettra-t-on encore une dernière réflexion, qui
nous semble donner la raison foncière de la différence que les
jurisconsultes et la jurisprudence que nous venons de citer, mettent
entre les effets de la restitution du condamné par voie de justice,
et celle du condamné restitué par la grâce du prince ? Nous dirons,
que c'est un principe de droit certain, que les bénéfices ou les

grâces accordés par le prince ne peuvent point préjudicier à des tiers. *Leg.* 7, *Cod. de precib. offerend.; leg.* 40, ff. *de administr. tut.* Et ce principe suffit pour décider que le prince en accordant sa grâce au condamné, en le restituant contre la peine de la mort civile qu'il a encourue, ne peut pas préjudicier aux tiers qui possèdent par donation ou par acquisition les biens qui, par la confiscation, avoient été dévolus au fisc : de même que la restitution du condamné ne peut pas le faire rentrer dans les successions ouvertes pendant sa mort civile, et que d'autres héritiers ont recueillies à son défaut ; car sa restitution priveroit un tiers d'un droit acquis (1).

Mais il en est autrement quand la restitution du condamné est une restitution de justice ; les biens, même ceux aliénés par le fisc, sont restitués au condamné par les tiers qui les ont acquis de bonne foi, parce qu'alors c'est par une espèce de droit de postliminie (2) que le condamné est restitué dans tous ses droits ; ses biens, par une fiction de droit, sont réputés n'avoir jamais été la propriété du fisc, et le fisc, n'ayant jamais été légitime propriétaire, n'a pu valablement transférer à un tiers la propriété qu'il n'avoit pas, suivant la règle de droit, *Nemo plus juris in alium transferre potest quàm ipse habet, leg.* 54, ff. *de Regul. jur.;* parce qu'alors ce n'est pas un bénéfice du prince, qui n'est jamais concédé que sous la réserve du droit des tiers, mais une justice, un droit réel et antérieur, qui prévaut sur un titre qui n'étoit qu'apparent, et que la loi déclare n'avoir jamais existé. C'est par cette raison que les jurisconsultes décident, et que les arrêts de nos anciennes cours souveraines jugeoient constamment que, dans ce cas, les seigneurs

---

(1) *Eademque ratione dicunt nec feuda, et bona fideicommisso obnoxia quæ damnato capitis reo ad proximos pervenerunt, à restituto vindicari posse, ne auferat restitutio jus proximis personis jam quæsitum.* Matheus, *de criminibus, ad titul.* ff. *tit.* 19 , *lib.* 48.

(2) Par le droit de *postliminie*, le citoyen romain étoit réputé n'avoir jamais perdu un seul instant les droits de citoyen, *retro credebatur in civitate fuisse. Leg.* 16, ff. *de captiv. et postlimin.*

5.

hauts-justiciers qui avoient profité des confiscations, et les tiers qui avoient acquis les biens des condamnés, devoient les restituer. (*Voyez* Bacquet, *Des Droits de Justice*, chap. 16.)

Or, la loi du 5 décembre 1814 n'a pas restitué aux émigrés leurs biens aliénés, ni même le prix que le fisc en avoit touché; elle n'a donc pas fait une remise de justice, mais seulement une remise de grâce. Cela est évident.

Ces raisons nous paroissent répondre suffisamment au principal argument des défenseurs de M. l'abbé Duclaux, et accueilli par l'arrêt de la cour royale de Paris, qui consistoit à dire : « que, pour » décider autrement il faudroit supposer que deux successions du » même individu se sont ouvertes au profit de deux personnes dif- » férentes : l'une au moment de son décès, l'autre au moment de » la promulgation de la loi de 1814; ce qui est diamétralement » opposé à la maxime : *Le mort saisit le vif.* »

Cet argument tombe, s'il est prouvé que les biens sont remis, non pas *aux héritiers* du condamné, et par voie de justice, mais à titre de grâce, aux parens du condamné existans à l'époque de la remise des biens, et non pas aux héritiers désignés par la loi, au temps de l'ouverture de sa succession; alors il n'y a pas succession, mais donation à titre singulier.

Nous ne devons rien dissimuler : à l'arrêt de la cour de cassation, du 29 janvier 1819, que nous venons de retracer, on pourroit peut-être opposer d'autres arrêts de la cour de cassation, qui, dans des cas qui ont une grande analogie avec l'espèce de l'arrêt de l'abbé Duclaux, semblent avoir consacré une doctrine contraire à celle que l'arrêt du 29 janvier 1819 a solennellement proclamée. Nous nous bornerons à citer les deux principaux arrêts, l'un du 30 avril 1806, rapporté dans le Répertoire de Jurisprudence, *verb. religionnaires*, l'autre du 24 décembre 1807, rapporté dans le Journal du Palais, deuxième semestre de 1808. Nous pourrions d'abord faire observer que ces deux arrêts n e sauroient être d'aucun poids dans la solution des questions qui sont nées de l'exécution de la loi du 5 décembre 1814 : premièrement, parce que c'est une maxime générale en droit, que l'espèce déroge au genre , et qu'entre deux décisions rendues sur la même matière, la décision spéciale déroge à la décision générale (1).

Ainsi la décision de la cour de cassation , rendue dans une espèce spéciale, et fondée sur la loi même du 5 décembre 1814 , devroit prévaloir sur une décision fondée sur d'autres lois qu'on invoque seulement par analogie avec cette loi spéciale. Secondement, parce que ces deux arrêts ont été cités dans la défense de M. l'abbé Duclaux devant la cour de cassation , et que cette cour n'y a eu aucun égard ; et de là on est autorisé à conclure , ou que la cour de cassation a pensé que la loi du 5 décembre 1814 étoit fondée sur des principes différens de ceux qui avoient déterminé les lois citées dans les motifs des deux arrêts précités ; ou que la cour a voulu, comme nous en avons des exemples , réformer elle-même sa propre jurisprudence.

Nous allons, au surplus, examiner l'espèce de ces deux arrêts.

Dans le premier, celui du 30 avril 1806, il s'agissoit , relativement à la succession de François Eymard, religionnaire fugitif, décédé en 1732, de l'exécution de la loi du 9 décembre 1790, qui a rendu les biens confisqués sur les religionnaires fugitifs, à leurs héritiers. De quel jour devoit être réputée ouverte, relativement aux biens restitués par cette loi , la succession d'un religionnaire qui , plusieurs années avant la promulgation de cette loi , avoit abandonné la France ? Etoit-ce du jour de la confiscation de ses biens ? étoit-ce du jour de la publication de la loi ? étoit-ce du jour de son décès ? Un arrêt de la cour d'appel de Bordeaux du 11 thermidor an XI, « a décidé que le droit de succéder n'avoit » été acquis qu'en vertu de la loi du 10 juillet 1790, et autres lois » subséquentes ; que par conséquent il n'avoit pu être acquis à » ceux qui existoient avant leur promulgation ; qu'il en résultoit » qu'on ne devoit plus considérer quels étoient ceux qui étoient

---

(1) *In toto jure, generi per speciem derogatur, et illud potissimum habetur quod ad speciem directum est.* **Leg.** 80, ff. *de regul. jur.*

» les plus proches en degré avec les Eymard au temps de leur
» disparition : mais, au contraire, quels étoient ceux qui pou-
» voient exercer leurs droits, quand ils ont été dégagés de tous
» les obstacles qui en avoient intercepté ou modifié l'exercice; que
» la succession des Eymard n'ayant été ouverte qu'en 1790, ceux
» qui, à cette époque, se trouvoient les plus proches, ou, à égal
» degré, parens desdits Eymard, doivent recueillir les biens qu'ils
» ont délaissés. »

Cet arrêt ayant été dénoncé à la cour de cassation, le pourvoi
a été rejeté par un arrêt de la section civile du 30 avril 1806.

La décision de la cour de cassation est au fond la même que celle
de l'arrêt de Bordeaux; mais on apprend, par les motifs de l'arrêt
du 30 avril 1806, que la cour de cassation a été déterminée particulièrement par la raison que l'époque du décès de François
Eymard et de ses enfans, et l'époque de leur disparition, n'étoient
pas constatées au procès d'une manière certaine; et que, « dans
» cette incertitude, la cour d'appel de Bordeaux, en ordonnant
» le partage, par égales portions, entre les trois branches d'hé-
» ritiers qui se trouvoient en égal degré en 1790, n'avoit violé
» aucune loi. »

On ne peut donc rien conclure du dispositif de cet arrêt, contre
la jurisprudence établie par l'arrêt du 29 janvier 1819 ; ce n'étoit
pas aussi le dispositif de cet arrêt qu'invoquoit le défenseur de
M. l'abbé Duclaux, mais quelques uns des motifs de l'arrêt, et
notamment les suivans. « Considérant que la tache de la mort
» civile, empreinte sur les religionnaires fugitifs et sur leurs biens,
» par les lois anciennes, a été entièrement effacée par les lois de
» 1790; que les biens par eux délaissés doivent être considérés
» comme n'ayant jamais cessé d'être transmissibles dans leurs fa-
» milles, d'après les règles communes, et selon les dates effec-
» tives de l'ouverture des successions. »

Sans examiner si ces motifs de l'arrêt sont bien conformes à
l'esprit des lois de 1790, concernant les religionnaires fugitifs, et
à la jurisprudence de nos anciennes cours souveraines; et si les

motifs donnés par la cour de Bordeaux dans son arrêt, ne sont pas plus solides que ceux que nous venons de retracer, il nous semble qu'il y a une réponse sans réplique, c'est qu'on ne peut pas dire de la loi du 5 décembre 1814, ce que l'arrêt de la cour de cassation dit des lois de 1790, concernant les religionnaires : on ne peut pas dire que cette loi a effacé pour le passé, sur la personne et sur les biens des émigrés, les effets produits par les lois relatives à l'émigration ; car cet effet pour le passé, et sur les personnes et sur les biens des émigrés, a été formellement maintenu par l'article 1er de la loi du 5 décembre 1814.

Le second arrêt, celui du 21 décembre 1807, est d'un préjugé bien plus considérable, et nous conviendrons que de tous les arrêts invoqués par M. l'abbé Duclaux, c'est celui dont l'autorité étoit la plus grave, et faisoit le principal fondement du système qu'il s'efforçoit de faire prévaloir.

Cet arrêt a en effet jugé dans le procès élevé à l'occasion de la succession de Julien *Deloncelles*, décédé en Hollande le 21 août 1794, en état d'émigration, mais pour lequel ses héritiers avoient obtenu un certificat d'amnistie après sa mort, en vertu de l'avis du conseil d'Etat du 9 thermidor an X : 1°. que relativement à ses héritiers légitimes, l'émigré, qui a été amnistié, même après son décès, est supposé décédé en état d'amnistie ; 2°. qu'à la mort naturelle de cet émigré ainsi amnistié, son héritier légitime a dû recueillir sa succession ; 3°. que si cet héritier légitime a survécu à l'émigré, et est lui-même décédé avant l'amnistié, on doit supposer, par l'effet de la même fiction, que les biens restitués postérieurement par le sénatus-consulte du 6 floréal an X, ont fait partie des biens composant la succession de cet héritier de l'émigré.

Si ces diverses fictions pouvoient être admises avec la loi du 5 décembre 1814, nous devrions avouer que l'arrêt du 21 décembre 1807, est en contradiction avec les principes admis par l'arrêt postérieur du 29 janvier 1819 ; et qu'il existe sur la même question de droit deux solutions contradictoires données par la même cour. Mais nous croyons avoir prouvé que toutes ces fictions étoient repoussées par la lettre et par l'esprit de la loi du 5 décembre 1814 ; et que les biens rendus par cette loi n'étoient point dans la succession de l'ancien propriétaire décédé avant la loi, mais dans le domaine de l'Etat auquel ces biens étoient réunis. On ne pourroit donc rien conclure de ce que l'arrêt du 21 décembre 1807 auroit jugé autrement que l'arrêt postérieur du 29 janvier 1819.

Nous irons plus loin encore, et nous dirons que le motif principal donné dans l'arrêt du 21 décembre 1807, celui qui sert de fondement et de base à sa décision, n'est pas exempt de plusieurs objections très-sérieuses, et que son application d'une manière générale et absolue seroit, dans plusieurs cas, subversive des lois les plus positives, des principes de droit les plus incontestables, et de la jurisprudence de la cour de cassation elle-même, consolidée par une multitude d'arrêts.

Retraçons d'abord les motifs de l'arrêt : « Attendu, 1°. que l'avis
» du conseil d'Etat, du 9 thermidor an X, interprétatif du séna-
» tus-consulte d'amnistie, du 6 floréal de la même année, dé-
» clare que les émigrés dont le décès a précédé l'amnistie, peuvent
» encore être amnistiés sur la demande de leurs héritiers ; 2°. que
» par les mots *leurs héritiers*, l'on doit entendre les personnes
» auxquelles les lois civiles en accordent le titre ; 3°. que de là ré-
» sulte une fiction de droit d'après laquelle l'émigré, amnistié
» après sa mort, est supposé, relativement à ses héritiers légi-
» times, être décédé amnistié : d'où il suit que c'est l'héritier
» légitime, à l'époque de la mort naturelle de l'émigré, qui a dû
» recueillir sa succession : d'où il suit encore, par l'effet de la
» même fiction et du principe, *le mort saisit le vif*, que si l'héri-
» tier légitime de l'héritier qui lui a survécu, décédé lui-même
» avant l'amnistie, l'on doit supposer que ceux des biens dont le
» sénatus-consulte ordonne la restitution, ont fait partie des biens
» délaissés par cet héritier immédiat de l'émigré. »

On peut remarquer que tout le raisonnement qu'on vient de lire repose sur une fiction de droit, que l'arrêt fait résulter de l'avis du conseil d'Etat du 9 thermidor an X. Or c'est, en droit, un principe élémentaire, que toute fiction de droit doit être établie sur la disposition littérale de la loi, et que les fictions ne peuvent jamais, par analogie, être étendues d'un cas à un autre ; elles doivent être strictement renfermées dans les cas pour lesquels la volonté de la loi les a créées.

Il sembleroit, d'après les motifs de l'arrêt, que l'avis du conseil d'Etat du 9 thermidor an X, qui, au reste, n'a pas le caractère d'une loi, et ne peut pas en produire les effets, a établi une fiction de droit qui fait que l'émigré, amnistié après sa mort, est considéré, à l'égard de ses héritiers légitimes, comme étant *décédé amnistié;* ou, en d'autres termes, que l'émigré, décédé en état de mort civile, est réputé, par l'effet de l'obtention du certificat d'amnistie, accordé après sa mort sur la demande de ses héritiers, être décédé avec la pleine jouissance de ses droits civils, et avoir pu transmettre ses biens à ses héritiers existans au temps de sa mort, par la voie civile des successions, et comme s'il n'eût jamais été frappé par la peine de la mort civile.

Mais on cherche inutilement cette fiction dans l'avis du conseil d'Etat précité. On voit qu'il avoit été demandé au conseil d'Etat, et c'étoit la seconde des quatre questions proposées sur l'exécution du sénatus-consulte d'amnistie du 6 floréal an X : « Si les pré- » venus d'émigration, non rayés définitivement, dont le décès a » précédé sa publication, pouvoient être amnistiés ? »

Que répond le conseil d'Etat ? « Qu'il pense que l'amnistie ayant » été principalement accordée en faveur des familles des émigrés, » il est tout-à-fait conforme à l'esprit du sénatus consulte d'étendre » *la grâce* aux héritiers, quand la mort a mis le prévenu lui-même » hors d'état d'en profiter.

» S'il eût vécu, il seroit rentré dans les biens dont l'art. 17 du » sénatus-consulte fait remise aux amnistiés. Comment refuser la » même *grâce à ses enfans républicoles et nés avant l'émigration ?* »

Il résulte seulement de cette réponse, que, dans le cas où un émigré amnistié auroit pu, s'il eût été vivant à l'époque de la publication du sénatus-consulte d'amnistie du 6 floréal an X,

6

réclamer ceux de ses biens non vendus , que l'art. 17 de ce sénatus-consulte rendoit aux émigrés , il étoit conforme à l'esprit du sénatus-consulte d'*étendre cette grâce* à ses héritiers , c'est-à-dire , d'accorder à ses héritiers les biens qu'il auroit pu demander lui-même s'il n'étoit pas décédé. L'avis du conseil d'Etat ne décide pas autre chose ; il n'établit aucune fiction ; seulement il étend la grâce de la restitution ou de la remise des biens non vendus aux héritiers de l'émigré amnistié après son décès. Mais qu'on veuille bien faire attention que le conseil d'Etat ne dit pas que les héritiers de l'émigré amnistié qui auront droit de réclamer les biens du défunt à titre de grâce , sont les héritiers qu'auroit eus le défunt par les lois civiles au moment de son décès , s'il n'eût pas été mort civilement ; c'est ce que l'avis du conseil d'Etat ne dit pas ; c'est ce qu'il ne pouvoit pas dire sans détruire tous les effets produits par les lois sur l'émigration , effets que le sénatus-consulte du 6 floréal an X , de même que la loi du 5 décembre 1814, a voulu expressément maintenir , à l'exception de la remise à titre de grâce des biens non vendus. Il y a plus ; si on médite bien la réponse du conseil d'Etat , et qu'on s'arrête à la raison principale qu'il a donnée de son opinion , il n'est pas permis de douter qu'il a pensé et dit le contraire. C'est ce que disent suffisamment ces mots : « Comment » refuser la même grâce *à ses enfans républicoles et nés avant* » *l'émigration ?* »

Ce n'est donc qu'aux enfans républicoles de l'émigré , et nés avant l'émigration , que l'avis du conseil d'Etat déclare qu'on ne peut pas refuser d'étendre la grâce que le sénatus-consulte eût accordée à leur père s'il eût vécu. Ce n'est donc pas à tous ses héritiers indistinctement , existans au moment de son décès , mais seulement à ses enfans *républicoles et nés avant l'émigration,* ce qui exclut évidemment les enfans nés pendant l'émigration et la mort civile de leur père ; c'est-à-dire , que la grâce de la remise des biens est étendue aux héritiers de l'émigré à l'époque où il a été frappé de la mort civile , et qui auroient recueilli ses biens si la confiscation ne les eût pas fait tomber entre les mains du fisc ;

pourvu que ces héritiers eussent eux-mêmes été vivans au moment de la grâce ou de l'amnistie accordée au défunt.

Voilà tout ce que dit l'avis du conseil d'Etat du 9 thermidor an X ; et s'il est impossible d'y trouver la fiction de droit qui sert de base à l'arrêt du 21 décembre 1807, on est autorisé à conclure que cette fiction n'a aucun fondement dans la loi, ce qui suffit pour qu'elle ne puisse être admise.

Mais veut-on voir à quelles conséquences pourroit conduire la fiction de droit, « d'après laquelle l'émigré amnistié, après sa » mort, est supposé, relativement à ses héritiers légitimes, être » décédé amnistié ? » les voici :

L'émigré étant réputé avoir toujours joui de ses droits civils, tous ses enfans, sans distinction entre ceux qui seroient nés avant sa mort civile, et pendant qu'il étoit frappé de cette peine, doivent lui succéder ; il doit avoir transmis à ses plus proches parens les successions ouvertes pendant son émigration, et auxquelles il auroit eu droit s'il eût alors joui de la vie civile ; mais le contraire a été formellement jugé, et avec raison, par un arrêt de la cour de cassation du 8 février 1810, dans la cause des enfans du prince de Berghes, décédé émigré et amnistié après son décès. Cet arrêt, rendu sur les conclusions de M. Merlin, procureur-général, est rapporté dans les Questions de Droit, *verb. Emigré*, §. 15 (1).

Le décès d'un émigré, en état de mort civile et de confiscation, doit donner ouverture à sa succession, qui peut dès lors être acceptée ou répudiée par ses plus proches parens ; mais le contraire a été formellement jugé par deux arrêts de la cour de cassation, l'un du 5 thermidor an XII, dans l'affaire des héritiers d'*Ecquevilly* ; l'autre du 31 mars 1806, dans la cause des héritiers *Thumin.*

Le testament fait par un émigré, décédé en état de mort civile,

____

(1) Voyez aussi un arrêt de la section civile du 28 juin 1808, qui a jugé dans l'affaire de la succession de la veuve *Bois-Roussel*, que les émigrés amnistiés par le sénatus-consulte d'amnistie du 6 floréal an X, n'ont pas droit aux successions qui se sont ouvertes pendant leur mort civile. *Répertoire de Jurisprudence, verb. Succession*, sect. 1, §. II. (art. 3).

6.

doit avoir son effet, comme s'il fût décédé dans la pleine jouissance de ses droits civils ; c'est une suite nécessaire de la fiction par laquelle il est réputé décédé en état d'amnistie ; mais le contraire a été solennellement jugé par la cour de cassation le 28 germinal an XII, contre les héritiers de *Guillaume Maret*, sur les conclusions de M. le procureur-général Merlin : cet arrêt est rapporté dans ses Questions de Droit, *verb. Mort civile*, §. 2.

Il seroit facile de pousser plus loin ces conséquences ; mais celles que nous venons de développer suffisent pour prouver que le principe qui les a produites est contraire aux lois qui ont frappé les émigrés de la peine de mort civile, et au sénatus-consulte d'amnistie qui a maintenu les droits acquis à des tiers, et à la jurisprudence de la cour de cassation. L'arrêt du 21 décembre 1807 ne peut donc pas être considéré comme établissant une jurisprudence certaine et constante dans un sens contraire à l'arrêt du 29 janvier 1819.

Ainsi, et quelque extraordinaire que cela puisse paroître, les biens non vendus des émigrés ne leur ont été remis par l'Etat qu'à titre de grâce ; l'Etat, par des raisons d'humanité et de bienveillance, leur en a fait don ; comme nos Rois faisoient don aux parens des condamnés des biens qui étoient acquis au domaine de l'Etat, dans le cas où nos lois ou nos coutumes prononçoient la confiscation des biens des condamnés ; de la même manière que l'édit du mois de décembre 1689 a ordonné la remise des biens confisqués sur les religionnaires, en faveur de leurs proches parens et héritiers légitimes ; de la même manière que, de nos jours, un décret de l'Assemblée nationale, du 9 décembre 1790, a rendu les biens confisqués sur ces mêmes religionnaires à leurs héritiers.

C'est encore par la même raison, c'est-à-dire parce que la remise prononcée par la loi du 5 décembre 1814 n'étoit qu'une remise de grâce, et non une remise de justice, que l'Etat n'a pas rendu aux émigrés ou à leurs ayans cause les rentes sur l'Etat, qui avoient été confisquées sur eux, en vertu des lois de l'émigration, de même que leurs immeubles, et tous leurs autres biens.

Nous n'ignorons pas que cette question, de savoir si on rendroit aux émigrés les rentes sur l'Etat confisquées, fut une de celles discutées, par quelques opinans, à l'occasion de la loi du 5 décembre 1814, et que ceux qui étoient d'avis de faire rejeter la réclamation que formoient les émigrés, de la remise de leurs anciennes rentes sur l'Etat, opposoient que la confusion avoit éteint la dette de l'Etat, et qu'elle ne subsistoit plus.

Cette objection, qui fut accueillie par la Chambre des Députés de 1814, n'étoit cependant pas sans réplique. On appelle *confusion* le concours de deux qualités dans un même sujet, qui se détruisent. En droit, on appelle *confusion* l'extinction d'une dette qui s'opère lorsque le créancier devient héritier de son débiteur; et *vice versâ*, lorsque le débiteur devient héritier de son créancier : car l'héritier succédant à tous les droits, tant actifs que passifs du défunt, lorsque le créancier devient héritier de son débiteur, il devient, en cette qualité d'héritier, débiteur de la dette dont il est de son chef le créancier; et *vice versâ*, lorsque le débiteur devient l'héritier de son créancier, il devient en sa qualité d'héritier, créancier de la même dette dont il est de son chef le débiteur. Or, il est évident que par le concours de ces deux qualités contraires de créancier et de débiteur, en une même personne, elles se détruisent mutuellement; car on ne peut être le créancier et le débiteur tout à la fois : on ne peut être créancier de soi-même, ou débiteur envers soi-même. La créance est donc éteinte, et telle est la décision des lois, *leg.* 7, *Cod. de Pact.; leg.* 93, §. 2, ff. *de Fidejussorib.;* telle est la disposition de l'article 1300 du Code civil, qui porte : « Lorsque les qualités de créancier et de débiteur se » réunissent dans la même personne, il se fait une confusion de » droits qui éteint les deux créances. »

Or, d'après les lois de confiscation, l'Etat ayant succédé aux émigrés, à titre universel, il est certain que lorsque dans les biens d'un émigré il s'est trouvé une créance contre l'Etat, cette créance a été éteinte par la confusion.

Mais nous ferons remarquer que ce n'est que par une fiction de la loi, que la confusion éteint une dette. Or, l'effet produit, opéré par une loi, peut être détruit par une autre loi. Les immeubles des émigrés avoient aussi été confondus dans le domaine de l'Etat; ils y avoient été incorporés par la loi du 28 mars 1793 (art. 1), qui avoit déclaré *leurs biens acquis à la république*. Cependant la loi du 5 décembre 1814 les en a détachés pour les remettre aux anciens propriétaires ou à leurs ayans cause; et il eût été au moins aussi facile de rétablir sur le grand-livre de la dette publique une inscription au profit d'un particulier, qui en avoit été retirée en vertu d'une loi de confiscation, que de lui abandonner des immeubles qui avoient été incorporés au domaine de l'Etat par cette même loi de confiscation (1).

Au reste, quand on admettroit que l'Etat a pu, sans injustice, ne pas rétablir sur le grand-livre de la dette publique les créances des émigrés, éteintes par la confusion, on n'en seroit pas plus avancé pour cela; car cette objection seroit sans force pour les meubles confisqués sur les émigrés, qui, étant encore existans en nature, n'ont pas, comme les créances, été éteints par la confusion, et qui cependant ne sont pas remis aux émigrés.

Ainsi, du fait non contesté, que l'Etat ne restitue aux émigrés ni les rentes sur l'Etat, ni les meubles confisqués sur eux, on est autorisé à tirer l'une ou l'autre de ces deux conséquences.

La première, que ces objets ont été valablement acquis à l'Etat,

---

(1) Aussi voyons-nous que dans la loi du 18 prairial an III, qui prononça en faveur des héritiers des condamnés révolutionnairement une *restitution de justice*, et non une remise de grâce, l'art. 7 réserva « les droits, créances, actions et » indemnités contre les biens des régisseurs, fournisseurs comptables ou dila- » pidateurs qui auroient été condamnés révolutionnairement; à cet effet, les » hypothèques et séquestres établis avant les condamnations à mort tiennent et » subsistent. »

On ne décida pas alors que les anciens débiteurs de l'Etat avoient été libérés par la *confusion*, et néanmoins, tant que la confiscation avoit duré, l'Etat avoit réuni les deux qualités de créancier et de débiteur; et ne les eût il réunies qu'un seul instant, la confusion auroit dû opérer l'extinction de la dette, d'après les principes qu'on oppose aux émigrés.

(47)

et qu'il peut en retenir la propriété sans violer les principes de la justice ; et, dans cette supposition, il faut décider qu'il auroit pu aussi retenir les immeubles non vendus des émigrés, et ne pas en faire la remise aux anciens propriétaires ; d'où il résulte nécessairement que la remise n'a été qu'une remise de grâce, et non une remise de justice.

La seconde, que le souverain, source de toute justice, a cependant donné lui-même l'exemple de la violation de la justice, en retenant des objets mobiliers, pour lesquels il n'avoit d'autres titres de propriété que ceux que lui avoient transmis la propriété des immeubles ; car si les immeubles confisqués étoient remis aux anciens propriétaires, par voie de justice, comment pourroit-il en être autrement des meubles ?

Cette seconde conséquence est inadmissible, non seulement en ce qu'elle est contraire aux dispositions des lois contre l'émigration, dont les effets, pour le passé, ont été maintenus par la loi du 5 décembre 1814, mais encore en ce qu'elle seroit injurieuse pour le souverain. Reste donc que la restitution n'est faite qu'à titre de grâce.

Après avoir posé et établi ce principe, que la loi du 5 décembre 1814 a fait aux émigrés une remise de grâce de leurs biens confisqués, qui avoient été unis et incorporés au domaine de l'Etat, il faut déduire de ce principe les conséquences qui sont aussi nombreuses qu'importantes.

§. III.

Conséquences du principe que les biens non vendus des émigrés leur ont été rendus à titre de grâce.

Une première conséquence, c'est que les biens rendus ont été cédés aux émigrés ou à leurs ayans cause, comme l'Etat les possédoit lui-même, c'est-à-dire francs et quittes de toutes charges et de toutes hypothèques dont ils étoient grevés entre les mains des émigrés au moment où ils furent frappés par la confiscation.

Une loi du 3 juin 1793, sect. 4 (art. 16), avoit disposé que les biens des émigrés seroient vendus francs et quittes de toutes dettes, rentes et redevances foncières, dons, douaires et hypothèques. On peut soutenir avec raison que cette loi a suffi pour affranchir, dans les mains de l'Etat, les biens des émigrés de toutes les hypothèques dont ils étoient grevés; mais indépendamment de cette loi, et d'autres dispositions qu'on pourroit également invoquer, les biens confisqués sur les émigrés sont devenus, de plein droit, affranchis des dettes dont les propriétaires confiscataires les avoient grevés, du moment que, par la loi du 1er floréal an III, les créanciers des émigrés *sont devenus les créanciers directs de la République;* cette loi a opéré une véritable novation dans les créances des émigrés. En devenant créanciers de l'Etat, les créanciers des émigrés ont perdu irrévocablement les hypothèques qu'ils avoient pu acquérir sur les biens de leurs débiteurs primitifs : « Le Roi, dit Chopin, » n'est point sujet à donner caution, et ne peut être contraint à » fournir de pleiges, comme étant, par la présomption de droit, » tenu et réputé solvable, » *leg.* 1, §. *Si ad fisc.* ff., *ut legat nomin. cavet.,* et *leg.* 2, §. 1, ff. *de Fund. dot.,* Chopin, Traité du Domaine, liv. III, tit. XXIX.

Les créanciers des émigrés, en acquérant un nouveau débiteur (l'Etat), essentiellement et toujours réputé solvable, ont perdu les hypothèques qui assuroient leurs créances. Ces hypothèques sont devenues inutiles, puisque les dettes des émigrés étoient garanties par l'Etat; il a possédé les biens provenus des confiscations faites sur les émigrés, comme il possède tous les autres biens, c'est-à-dire francs et quittes de toutes charges.

Vainement objecteroit-on que les créanciers des émigrés n'ont pas consenti au changement de débiteurs, qu'ils n'ont pas reconnu ni voulu reconnoître l'Etat pour débiteur; que c'étoit seulement une faculté que la loi leur donnoit de réclamer contre l'Etat le paiement de leurs créances, mais qu'ils ont pu ne pas faire usage de ce droit, de cette faculté, et qu'ils ont conservé tous leurs droits contre leurs débiteurs originaires, tant qu'ils n'ont pas formellement accepté le nouveau débiteur que la loi leur indiquoit (l'Etat). Ces objections, qui ont quelquefois été faites, ne pourroient se soutenir.

On feroit d'abord observer, que c'est sur le même droit qu'exerçoient et que prétendoient avoir les auteurs de la législation sur les émigrés, que les assemblées nationales, dont ces lois sont l'ouvrage, ont déclaré les créanciers des communes, et ceux des colléges et des hospices, *créanciers de l'Etat*, et les ont obligés à se faire liquider et payer comme tels (*Voy.* la loi du 24 août 1793, §. 28, art. 82); et que jamais les créanciers de ces corps n'ont contesté le droit que s'étoient attribué les diverses Assemblées de leur faire changer de débiteurs. On répondroit d'ailleurs, et cette réponse seroit sans réplique, que si les émigrés étoient soumis aux lois par lesquelles leurs biens leur étoient enlevés, et s'ils sont obligés d'en subir toutes les dispositions, il n'y a aucune raison pour que leurs créanciers n'aient pas pu être obligés par les dispositions qui les concernoient ; et on ne peut prétendre que le droit que les auteurs de ces lois avoient ou s'attribuoient sur les émigrés, ils ne l'avoient point sur leurs créanciers : les uns et les autres étoient soumis à la loi. Cela est aussi vrai en droit qu'exact en point de fait. Que par la force même de la loi, et par une suite nécessaire de la mort civile par eux encourue, et de la confiscation de leurs biens, les dettes par eux contractées, et existantes au moment de la confiscation, ont été éteintes à leur égard, et ont passé à l'Etat, qui profitoit des biens des débiteurs. Or, lorsque toutes les lois décident que la confiscation des biens libère entièrement le condamné des dettes qu'il avoit contractées, et que l'Etat devient seul obligé au paiement de ces dettes, des créanciers peuvent-ils s'élever au-dessus de la loi, et prétendre qu'ils ont conservé leur ancien débiteur ? Peuvent-ils, de leur autorité, faire revivre, à l'égard de ce débiteur, une dette que la loi a déclarée éteinte et anéantie ?

Les créanciers des émigrés ont quelquefois prétendu que leurs anciens débiteurs ne pouvoient pas leur opposer la loi du 1er floréal an III, qui a déclaré les créanciers des émigrés créanciers directs de l'Etat, et a imposé à ces créanciers l'obligation de se faire liquider leur créance : « Car, disoient-ils, si le créancier l'a *pu*,

» il ne l'a pas *dû;* et s'il ne l'a pas fait, sa créance est entière ;
» elle doit être payée. Or l'émigré en est seul aujourd'hui pas-
» sible. La confiscation des biens de l'émigré, ajoutoient-ils, a été
» la suite de l'émigration du débiteur. Cet effet, comme sa cause,
» doit rester étranger à son créancier.

Nous ne craindrons pas de dire que ce raisonnement n'est fondé
que sur un sophisme, et qu'il ne mérite pas qu'on s'y arrête.

En effet, s'il est vrai, comme l'établissoit M. Merlin dans ses
conclusions dans l'affaire du sieur Crollebois, jugée par l'arrêt du
7 juin 1809, que nous avons rapporté plus haut, « que la per-
» sonne, dont les biens ont été séquestrés pour cause d'émigra-
» tion, étant morte civilement, l'Etat est devenu l'héritier uni-
» versel de tous ses droits tant actifs que passifs, et que ses
» *créanciers n'ont plus d'action contre elle.*

» Que l'émigré est donc *personnellement* quitte envers ses créan-
» ciers, comme l'est envers les siens le condamné à une peine
» emportant la mort civile. »

Si l'émigré est quitte personnellement envers ses créanciers, et
si ceux-ci n'ont plus d'action contre lui, mais seulement contre l'Etat,
on ne peut concevoir que la créance soit entière, et que l'émigré qui
en avoit été irrévocablement libéré puisse en être seul passible.

L'émigration, dit-on, est une faute du débiteur, qui a entraîné
la confiscation de ses biens : on le veut. Mais le vice du raisonnement est de conclure que la confiscation doit rester étrangère au
créancier de l'émigré, comme sa cause. On l'a déjà dit : la loi qui
a pu confisquer tous les biens de l'émigré, qui a pu le frapper de
mort civile, a pu aussi faire la novation de ses dettes sans le con-
sentement de ses créanciers. Dans la législation romaine et dans
notre jurisprudence française, le créancier du condamné à une
peine emportant la déportation ou le bannissement perpétuel hors
du royaume, étoit sans doute aussi étranger au crime commis par
le condamné, que le créancier d'un émigré étoit étranger à l'émigration de son débiteur; et cependant il n'étoit pas étranger à la
confiscation ni à ses effets, puisqu'il n'avoit plus que le fisc pour
débiteur, et que l'ancien débiteur étoit complètement libéré; faut-il

en redire encore la raison ? C'est que le créancier devoit subir les conséquences de la mort civile de son débiteur, de même que celles de sa mort naturelle. Son créancier étoit pour lui, comme pour la société, réputé mort naturellement : *habebatur pro mortuo*, disent les jurisconsultes. « La mort civile, dit Bourjon, a le même effet » à l'égard de la société civile et des concitoyens que la mort na- » turelle ; c'en est la parfaite image. C'est ce qui résulte de ce » que dessus, *la disposition de la loi opère autant que la nature.* » (*Droit commun de la France*, tom. I, liv. I, tit. 12, chap. 3, art. I.)

On ira plus loin encore ; et quand on admettroit pour un moment que les créanciers des émigrés ont conservé une action personnelle contre leurs débiteurs, il seroit toujours incontestable que les biens des émigrés confisqués par l'Etat ont été affranchis, pendant leur incorporation au domaine, de toutes les hypothèques dont ils avoient pu être grevés précédemment au profit des créanciers des émigrés, et que l'Etat les possédoit francs et quittes. Ces biens ont été remis par l'Etat aux anciens propriétaires ou à leurs ayans cause, tels qu'il les possédoit lui-même, c'est-à-dire, francs et quittes de toutes les hypothèques dont ils avoient été grevés.

Une seconde conséquence, c'est que les anciens propriétaires ou leurs ayans cause ne sont pas, par le fait seul de la remise des biens, tenus au paiement des dettes dont ces biens avoient été grevés antérieurement à la confiscation ; car ils sont des successeurs à titre singulier ; on ne remet pas le patrimoine confisqué, l'universalité des droits et actions qui emporteroit de plein droit l'obligation de payer les dettes non éteintes, mais des immeubles particuliers et non vendus. C'est aux anciens propriétaires ou à leurs ayans cause que la remise des biens est faite, et non pas aux créanciers des émigrés ; la remise des biens est faite à titre de grâce et non à titre de justice : alors, point d'obligation d'acquitter les dettes. Ce qui en est une preuve, c'est que les biens ne sont pas remis « par la voie civile des successions, mais bien par la voie » naturelle de justice et d'équité, au profit de la famille des anciens » propriétaires » (arrêt de la cour de cassation du 25 janvier 1819);

aussi cet arrêt adjuge-t-il les biens confisqués sur M. le marquis de Lignery, non pas à l'abbé Duclaux, légataire universel de la duchesse de Sully, sa fille et son unique héritière, mais à M. d'Espinay-Saint-Luc, parent très-éloigné de l'émigré, et qui, n'ayant jamais été son héritier, ne pourroit pas être tenu, à ce titre, des dettes de la succession de M. le marquis de Lignery ou de la duchesse de Sully sa fille, s'il en existoit : or, si les biens ne sont pas rendus par la voie civile des successions, les créanciers ne peuvent pas invoquer les lois civiles, pour contraindre les familles des anciens propriétaires à acquitter les dettes que la loi civile des successions pourroit seule les obliger à payer ; car c'est par la loi civile, et uniquement par cette loi, que l'héritier est déclaré succéder à l'universalité des droits laissés par le défunt, *Leg.* 62, ff. *de Regul. jur.*, et *leg.* 37, ff. *de adquirend. vel omitt. hereditat.*, et qu'il est tenu de toutes les obligations contractées par celui auquel il succède. *Leg.* 1, *Cod. si cert. petat.* Or, ce n'est pas par la loi civile des successions que les familles des anciens propriétaires sont appelées, par un bienfait du prince, à recueillir les biens non vendus confisqués sur les émigrés (biens sur lesquels les créanciers, au temps de la confiscation, n'avoient plus aucun droit, biens qui étoient, par le fait de leur incorporation au domaine et par la déchéance encourue par les créanciers, perdus pour eux sans retour, et sur lesquels ils n'auroient pu jamais former aucune demande, tant qu'ils étoient possédés par l'Etat) ; ces familles ne peuvent donc être tenues au paiement des anciennes dettes existantes sur ces biens au temps de la confiscation, qui ne sont dues et ne pourroient être réclamées contre elles qu'en vertu de la loi civile, et dans le cas seulement où la remise des biens se seroit opérée par une restitution de justice, restitution qui, bien différente de celle accordée par la loi du 5 décembre 1814, entraîne avec elle, comme on l'a déjà fait observer, la restitution de tous les biens confisqués, et même celle des fruits perçus par l'Etat durant la confiscation.

Une troisième conséquence, c'est que la remise des biens aux anciens propriétaires ou à leurs ayans cause, n'a pas fait revivre

contre les émigrés les créances qui avoient été éteintes pendant
que les émigrés étoient représentés par l'État, et contre lesquelles
l'État avoit acquis, sa libération par suite des diverses déchéances
prononcées contre les créanciers par les lois sur les émigrés.

Cette troisième conséquence n'est pas moins certaine que les
deux premières. En principe de droit, la remise des biens dépen-
dans d'une hérédité faite à titre singulier, n'oblige pas celui à qui
les biens sont concédés par un bienfait du prince aux paiemens
des dettes de la succession, pas plus que le donataire ou tout autre
successeur, à titre singulier, n'est tenu des dettes du défunt. *Leg.* 15,
Cod. de Donat. institut., *lib.* 2 , *tit.* 10, *de Testament. ordinand.*,
§. II, et Dumoulin, sur l'art. 90 de la coutume d'Amiens.

Un autre principe de droit, qu'on ne contestera pas non plus,
c'est qu'une dette une fois éteinte par une disposition expresse d'une
loi, ne peut revivre et être de nouveau mise à la charge du débiteur
qui en avoit été libéré, que par une disposition de la loi formelle et
spéciale. Enfin, c'est encore un principe dont les tribunaux font
tous les jours l'application, et que journellement on oppose aux
émigrés pour écarter les demandes les plus légitimes et les exceptions les plus favorables, que les émigrés ont été, pendant leur
inscription sur la liste des émigrés, représentés, tant activement
que passivement, par l'état, et que les prescriptions courues
contre l'État pendant leur mort civile, sont réputées avoir couru
contre eux-mêmes, et produisent tous les effets que les lois attachent
aux prescriptions. On peut consulter, comme ayant fait l'application de ce principe, un arrêt de la cour d'appel de Rouen, du
11 messidor an XII, rapporté dans le *Journal du Palais*, 1er semestre de l'an XIII; un arrêt de la cour d'appel de Paris, du 4
mars 1807, rapporté dans le même Journal, et un arrêt de la cour
de cassation, section des requêtes, du 19 février 1811.

De ces principes, il résulte que la loi du 5 décembre 1814 n'ayant
pas assujéti les anciens propriétaires ou leurs ayans cause à payer les
dettes antérieures à la confiscation, ces dettes ne sont point à leur
charge, comme *détenteurs* des biens autrefois affectés aux dettes;
que les dettes dont l'extinction avoit été opérée par la loi et par la

mort civile des émigrés, ne pourroient revivre et affecter de nouveau
ces biens dans les mains des possesseurs actuels, qu'autant que la
loi qui leur en a fait la remise auroit imposé expressément cette
condition aux anciens propriétaires ou à leurs ayans cause, ce qui
n'existe pas dans le fait; que la remise n'ayant été grevée d'aucune
condition ni obligation à l'égard des créanciers, les émigrés peuvent
opposer à leurs anciens créanciers toutes les prescriptions et toutes
les déchéances qui ont pu être acquises à l'Etat pendant leur inscription sur la liste des émigrés; que c'est même une conséquence
nécessaire de l'art. 1er de la loi du 5 décembre 1814, qui assure leur
plein et entier effet, « à tous droits acquis avant la publication de
» la Charte constitutionnelle, et qui seroient fondés sur des lois ou
» des actes du gouvernement relatifs à l'émigration. »

Car la libération de l'Etat, pendant qu'il représentoit, tant activement que passivement, l'émigré inscrit sur la liste des émigrés,
étoit bien évidemment un *droit acquis* à l'Etat à l'époque de la
publication de la Charte constitutionnelle, et qui étoit fondé, tout
à la fois, sur des lois et sur des actes du gouvernement, relatifs à
l'émigration. Cette libération constituoit un *droit acquis*, que l'Etat
a transmis à l'émigré amnistié, comme tout autre droit acquis contre
lui (1).

______

(1) Le principe, que la remise faite aux émigrés de leurs biens non vendus est
une *remise de grâce*, donne encore la solution aussi sûre que facile de deux
questions qui pourront se présenter souvent. (L'une, si l'héritier de l'émigré
décédé dans la jouissance de ses droits civils, mais antérieurement à la loi du 5
décembre 1814, peut, malgré sa renonciation, réclamer les biens confisqués sur
le défunt, et rendus par cette loi?) La cour royale de Paris a décidé cette question pour l'affirmative par un arrêt du 22 avril 1816, entre les héritiers *de Tou-
longeon* (cet arrêt est rapporté dans *le Journal du Palais*, tom. III de 1817); mais
c'est en relevant l'héritier qui avoit renoncé, contre sa renonciation à la succession, ce qui pourroit être contredit en point de droit. Mais si la qualité d'*héritier* n'est pas nécessaire pour avoir droit à la remise des biens, la renonciation
à la succession ne peut plus être opposée au parent de l'émigré. (L'autre, si le
cessionnaire des droits successifs délaissés par l'émigré et cédés par l'héritier,
antérieurement à la loi du 5 décembre 1807, doit profiter des biens confisqués
sur le défunt, et que cette loi a rendus? Non; car la remise, n'étant pas faite à
la personne qui a le titre d'héritier, mais au parent de la famille de l'émigré
cessionnaire, n'a pas pu être l'objet de la libéralité accordée par la loi. Voyez
un arrêt de la cour de cassation du 29 janvier 1819, dans l'affaire de *l'Espinasse*
contre *Grenier*. (*Journal du Palais*, tom. 1er de l'année 1819.)

CHAPITRE II.

LA discussion à laquelle nous venons de nous livrer, et les diverses propositions que nous avons établies, ont préparé la solution de la question que nous avons posée en tête de cet écrit ; et les plus simples réflexions suffiront maintenant pour la résoudre. Cette question est celle-ci : « Quels sont les droits des créanciers des émi-
» grés pour des dettes contractées antérieurement à leur émigra-
» tion, sur les biens non vendus des émigrés, remis aux anciens
» propriétaires, ou à leurs héritiers ou ayans cause, en vertu de
» la loi du 5 décembre 1814 ? »

Cette question se subdivise elle-même en plusieurs questions que nous allons poser dans l'ordre suivant :

« 1°. Les créanciers ayant une hypothèque sur les immeubles
» confisqués sur les émigrés, au moment de la confiscation, ont-ils
» recouvré de plein droit cette hypothèque, et peuvent-ils en
» suivre les effets sur ces immeubles rendus aux anciens proprié-
» taires, ou à leurs ayans cause, en vertu de la loi du 5 décembre
» 1814 ?

» 2°. Ces anciennes créances subsistent-elles à la charge des an-
» ciens débiteurs pour le tout, ou seulement pour une partie, et
» dans quelle quotité ? c'est-à-dire si l'action hypothécaire est
» éteinte et n'a pas pu revivre de plein droit, au moins l'action
» personnelle contre les anciens débiteurs reste-t-elle ouverte aux
» créanciers, et dans quelle proportion ?

» 3°. Si cette action personnelle subsiste, les débiteurs peuvent-
» ils opposer à leurs créanciers toutes les exceptions de prescrip-

» tions et de déchéances que l'Etat auroit pu leur opposer avant
» la loi du 5 décembre 1814 ?

    » 4°. Comment la loi à venir doit-elle régler les droits des
» créanciers et des débiteurs entre eux ? »

§. PREMIER.

*Les hypothèques qui existoient sur les immeubles appartenant aux
émigrés, à l'époque de la confiscation, ont été éteintes, et elles
ne pourroient revivre sur les immeubles rendus aux anciens propriétaires, qu'autant que la loi qui a ordonné la remise de ces
biens, l'auroit expressément décide.*

L'extinction des hypothèques existantes sur les immeubles des
émigrés, au moment de la confiscation, par suite de la jurisprudence qui attribuoit l'hypothèque à toute obligation revêtue de la
forme authentique, ne peut, comme on l'a déjà établi, faire l'objet
du plus léger doute ; cette extinction des hypothèques étoit d'abord
une conséquence nécessaire de la confiscation qui faisoit entrer
dans le domaine de l'Etat les biens confisqués, en se chargeant
d'acquitter les dettes jusqu'à concurrence de la valeur des biens.
L'Etat ou le fisc, devenu par là propriétaire des biens confisqués,
les a possédés, comme il possède tous les biens du domaine, libres
et francs de toutes hypothèques ; les dettes hypothécaires dont l's
biens étoient grevés pendant la possession des émigrés, ont perdu
dès lors cette qualité : elles sont devenues des créances pures et
simples contre l'Etat ou contre le fisc, nouveau débiteur substitué
par la loi aux anciens débiteurs ; l'Etat est toujours réputé solvable,
c'est pour cela qu'il ne donne jamais de cautions ou d'hypothèques,
et qu'il en est dispensé dans les cas où les lois y obligent les particuliers : « *Si ad fiscum portio hereditatis pervenerit, cessabit ista*
» *stipulatio, quia nec solet fiscus satisdare.* » *Leg.* 1, §. 18, ff. *ut
legator;* Chopin, Traité du Domaine, liv. III, tit. XXIX, num. 12.
    Ensuite une loi spéciale, que le législateur qui avoit prononcé

la confiscation des biens des émigrés, avoit bien le droit de rendre
(puisque le pouvoir d'enlever les biens aux légitimes propriétaires, suppose bien celui de dégager ces mêmes biens des hypothèques dont ils sont grevés), avoit aboli toutes les hypothèques
qui frappoient sur ces biens, à quelque titre que ce fût. « Les
» biens des émigrés (portoit l'art. 16, sect. 4 de la loi du 25 juillet
» 1793, que nous avons déjà citée), seront vendus francs et quittes
» de toutes dettes, rentes et redevances foncières, dons, douaires
» et hypothèques. »

L'État vendoit les biens comme il les possédoit lui-même ; car
s'ils n'eussent pas été, par le fait de la confiscation et par leur
réunion au domaine, affranchis des charges hypothécaires, l'État,
détenteur des biens hypothéqués, n'auroit pas pu anéantir ces
charges.

D'ailleurs, et surabondamment, les immeubles auroient été,
quant à l'État, affranchis des créances hypothécaires qui les affec-
toient, par la déchéance des créanciers, prononcée par les lois des
2 septembre 1792, 30 octobre 1792, 13 janvier 1793, et 26 ni-
vose an II, 1er floréal an III (tit. 2, art. 11), et par le fameux
décret de déchéance du 25 février 1808. Les créances étant éteintes
par la déchéance qui avoit libéré l'État, représentant les anciens
débiteurs, et exerçant tous leurs droits, tant actifs que passifs,
l'hypothèque, qui n'en est que l'accessoire, n'auroit pas pu survivre à
l'extinction de la créance, conformément à la règle de droit, *cùm
causa principalis non consistit, ea quæ sequuntur locum non habent. Leg.* 178, ff. *de regul. jur.*

Ainsi, sous quelque rapport qu'on veuille envisager la question,
on arrive toujours à ce résultat incontestable, qu'à l'époque où
fut publiée la loi du 5 décembre 1814, les biens non vendus des
émigrés, qui étoient possédés par l'État, existoient dans ses mains
francs et quittes de toutes les hypothèques ou droits réels dont les
anciens propriétaires avoient pu les grever avant d'en avoir été
dépouillés par la confiscation exercée contre eux.

Or, ces hypothèques, qui ont été anéanties, ces droits réels sur les immeubles des émigrés, que les lois et actes du gouvernement, relatifs à l'émigration, ont détruit sans espoir de retour, au moins vis-à-vis de l'Etat, comment ont-ils pu revivre? comment ont-ils été tirés du néant, dans lequel les lois précitées les avoient plongés? attribuera-t-on une semblable résurrection de droits éteints et anéantis à la loi du 5 décembre 1814, qui maintient « tous droits acquis avant la publication de la Charte consti- » tutionnelle, et qui seroient fondés sur des lois ou des actes du » gouvernement, relatifs à l'émigration? »

La libération acquise à l'Etat envers les créanciers des émigrés frappés par les lois de déchéance, et par le décret du 25 février 1808, n'étoit-elle donc pas *un droit acquis?* ou bien, dira-t-on qu'il n'y a que les droits acquis contre les émigrés, et à leur préjudice, qui soient maintenus par cette loi, et qu'il en doit être autrement des droits acquis contre leurs créanciers? Mais la disposition de la loi est générale et sans exception : elle dit *tous droits acquis* qui seroient fondés sur des lois ou des actes du gouvernement, relatifs à l'émigration, sans distinguer entre les droits acquis contre les émigrés, ou contre leurs créanciers ; et il est bien évident que la même raison d'Etat, qui a fait maintenir les droits acquis contre les uns, s'applique aux droits acquis contre les autres.

Par le droit commun, une action hypothécaire, une fois légalement éteinte, ne peut plus revivre que par une disposition expresse et spéciale émanée de la partie au profit de qui l'affranchissement de l'immeuble hypothéqué a été prononcé. Dans le cas particulier, l'autorité qui, après avoir prononcé la confiscation des biens des émigrés, et leur réunion au domaine de l'Etat, avoit ordonné l'extinction des hypothèques dont ils étoient grevés, pouvoit bien rapporter, en faveur des créanciers hypothécaires, les dispositions des lois sur l'émigration, qui avoient opéré l'affranchissement des biens. *Leg.* 35, ff. *de regul. jur.* D'un autre côté, la libération des hypothèques ayant été prononcée en faveur de l'Etat, alors possesseur et propriétaire des biens affectés par

ces hypothèques, l'Etat pouvoit renoncer au bénéfice de sa libération; en faisant toutefois observer, que dans nos formes constitutionnelles, une créance à la charge de l'Etat, une fois éteinte par
une loi, ou par un acte du gouvernement, dont les dispositions
ont été approuvées par une loi, ne pourroit revivre et grever de
nouveau l'Etat que par une loi.

Mais ce que l'autorité, qui avoit ordonné la confiscation, pouvoit faire, jusqu'à présent elle ne l'a pas fait. La loi du 5 décembre
1814 ne dispose ni directement ni indirectement, dans aucun de
ses articles, que les hypothèques dont les biens non vendus des
émigrés ont été affranchis, pendant leur incorporation au domaine
de l'Etat, reprendront toute leur force, et continueront de nouveau d'affecter ces biens dans les mains de ceux au profit desquels la loi en ordonne la remise, comme si elles n'avoient jamais
été éteintes. On ne peut citer aucune loi, aucun acte du gouvernement par lequel il ait renoncé, en faveur et dans l'intérêt des
créanciers des émigrés, au bénéfice de la libération acquise par
l'Etat, soit par la déchéance encourue par les créanciers, soit par
l'affranchissement des biens.

On conviendra toutefois que l'Etat, en faisant la remise aux
anciens propriétaires des biens non vendus qui étoient réunis au
domaine de l'Etat, pouvoit les obliger à payer sur ces immeubles,
au moins jusqu'à concurrence de leur valeur, des dettes au paiement desquelles ces biens avoient été affectés avant leur confiscation. On dit que l'Etat avoit ce pouvoir, parce que, étant propriétaire des biens confisqués, et pouvant en conserver la propriété;
parce que, ne faisant la remise de ces biens aux anciens propriétaires qu'à titre de don ou de grâce, *ratione gratiæ*, et non pas à
titre de justice, *ratione justitiæ*; parce que, enfin, faisant une
véritable libéralité, il étoit le maître de mettre à sa libéralité telle
condition qu'il auroit voulue.

Mais, on le redira encore, ce que l'Etat pouvoit faire, il ne l'a
point fait; on va plus loin, il ne devoit pas le faire : d'abord, il
ne l'a point fait; car aucune disposition, nous le répétons, de la

(6o)

loi du du 5 décembre 1814, n'impose aux anciens propriétaires,
ou à leurs ayans cause, l'obligation d'acquitter les dettes dont les
biens rendus auroient pu être grevés avant leur confiscation.
Ensuite il ne devoit pas le faire, ou il faudroit admettre deux suppositions également fausses : l'une, que la loi du 5 décembre 1814
a voulu rendre les biens non vendus des émigrés aux créanciers
des familles émigrées, et non pas à ces familles elles-mêmes, comme
une légère indemnité des pertes qu'elles avoient éprouvées ; l'autre,
que l'Etat avoit un intérêt quelconque à faire acquitter sur les biens
rendus, des dettes qui, au moins à son égard, étoient incontestablement éteintes, tant par les lois de déchéance, que par le décret
du 25 février 1808, et pour lesquelles les créanciers déchus
n'avoient aucune action contre lui. Il faudroit encore à ces deux
suppositions en ajouter une troisième : savoir, que les biens rendus
l'ont été à titre de justice, et aux héritiers légitimes de ceux sur
lesquels ils ont été confisqués; ou, en d'autres termes, que les
biens sont rendus par la voie civile des successions, et non par la
voie naturelle de grâce et d'équité, comme nous croyons l'avoir
démontré.

<h2 style="text-align:center">§. II.</h2>

*Les anciennes créances des émigrés ne pourroient revivre contre les
débiteurs, qu'autant que leurs biens leur auroient été rendus à
titre de justice ; et même, dans ce cas, proportionnellement à la
quotité des biens rendus, non à titre singulier, mais à titre universel.*

On a établi, dans la première partie de cette discussion, que
l'état des émigrés pouvoit être comparé à celui des déportés chez
les Romains, ou des condamnés au bannissement perpétuel hors
du royaume dans notre jurisprudence française; et que les effets
produits par la mort civile des émigrés étoient absolument les
mêmes que ceux qui résultoient de la déportation ou du bannissement hors du royaume. C'est ce que M. Merlin établit formelle-

ment dans ses Questions de Droit, *verb.*, *Inscriptions hypothécaires*, §. Iᵉʳ.

Par identité de raison, et tant que des lois spéciales n'en auront
pas autrement disposé, ce sera par les lois romaines et par la jurisprudence française que les effets de la restitution des émigrés
contre l'état de mort civile, devront être réglés.

Les principes du droit romain et ceux de la jurisprudence
française sur cette matière sont aussi clairs qu'ils sont certains et
constans.

La déportation ou le bannissement hors du royaume, et en
général toute peine qui entraînoit la mort civile du condamné et la
confiscation de ses biens emportoit l'extinction ou la libération de
ses dettes. Les créanciers n'avoient plus pour débiteur que l'État,
qui, profitant des biens, étoit tenu au paiement des dettes jusqu'à
concurrence de la valeur des biens.

La libération du débiteur mort civilement étoit tellement complète, que la caution par lui donnée pour une dette antérieure à
la confiscation, mais postérieure à la condamnation, n'étoit point
valablement obligée : *Si debitori deportatio irrogata est, non posse
pro eo fidejussorem accipi, quasi tota obligatio contra eum extincta
sit. leg. 47,* ff. *Fidejuss. et mandat.* ; parce que l'obligation, dont
la caution n'étoit que l'accessoire, avoit été totalement éteinte à
l'égard du condamné par le fait de la mort civile par lui encourue ;
et, par la même raison, les biens qu'il pouvoit acquérir, après sa
condamnation, n'étoient point obligés aux dettes par lui contractées avant sa mort civile (*Voy.* le Traité du Domaine, liv. VIII,
chap. 4, num. 13).

Ce seroit inutilement que les créanciers du condamné objecte-
roient qu'ils ne veulent pas reconnoître l'État pour leur nouveau
débiteur, et qu'ils se contentent de leur action sur leur débiteur
primitif, sauf à eux à l'exercer quand ils le pourront, et sur les
biens que ce débiteur pourra acquérir un jour, et qui ne seront
point soumis à la confiscation ; que le délit de leur débiteur, qui a
entraîné contre lui la peine de la mort civile, est étranger à leurs

créanciers dont la situation ne doit pas pour cela être rendue plus onéreuse; que ce seroit les punir de la faute commise par leur débiteur, et leur en faire partager la peine.

Il seroit facile de réfuter tous ces argumens : le créancier, comme le débiteur, est soumis à ce que la loi ordonne dans l'intérêt public. Lorsque la loi a prononcé contre un citoyen la peine de mort civile, et par suite la confiscation de ses biens et l'extinction totale de ses dettes, un autre citoyen ne peut pas, dans son intérêt privé, s'opposer à l'exécution de la loi.

Les dispositions spéciales de ces lois ont donc appliqué aux créanciers des émigrés les principes du droit commun relatifs à l'extinction des dettes du condamné à la peine de mort civile ; elles ont donc opéré une novation de la dette qui a donné au créancier de l'émigré un autre débiteur, l'Etat, à la place de l'ancien.

Nous invoquerons, à l'appui de cette opinion, qui, pour nous, est fondée sur l'évidence, le sentiment d'un honorable jurisconsulte, qui, par les emplois qu'il a occupés, et dans quelques unes de nos assemblées nationales, et dans le conseil d'Etat du dernier gouvernement, a été dans le cas de bien connoître l'esprit de la législation contre les émigrés, M. le baron Locré, ancien secrétaire général du conseil d'Etat, et antérieurement secrétaire-rédacteur du Conseil des anciens, dans une consultation qu'il a délibérée le 6 février 1819 pour le comte d'Oilliamson, et que nous avons sous les yeux, pose ce principe : « Qu'en même temps » que la loi politique a frappé les biens des émigrés de confisca- » tion, et leurs personnes de mort civile, elle a opéré dans » la personne du débiteur et dans la nature de la créance, une » novation forcée, dont l'effet a été de libérer, sans réserve, » comme sans retour, leurs personnes et leurs biens, et de ne plus » laisser pour débiteur que l'Etat à leurs anciens créanciers. »

Ce jurisconsulte justifie cette proposition par les lois des 25 juillet 1793 et 1er floréal an III, que nous venons de rappeler, et par l'ensemble de toute la législation des émigrés. Il décide avec raison, que ces lois peuvent être opposées aux créanciers des émigrés, comme aux émigrés eux-mêmes ; qu'elles ont pu commander, et qu'elles ont en effet commandé au créancier auquel elles assuroient les moyens d'être payé de sa créance, aussi bien qu'au débiteur qu'elles dépouilloient de tous ses biens.

Il établit une distinction entre la loi civile et la loi politique ; les principes de cette première loi, dit-il, seroient favorables aux créanciers des émigrés, mais ceux de la loi politique lui sont contraires, et c'est par cette dernière loi, c'est-à-dire par les lois sur l'émigration, qui sont des lois politiques, que la question doit être décidée, la loi politique devant toujours prévaloir sur la loi civile.

M⁰. Locré nous paroît avoir fait une concession qui n'étoit point nécessaire ; il nous semble, à nous, que la loi civile est ici parfaitement d'accord avec la loi politique.

La loi civile, tout comme la loi politique, déclare que l'individu condamné à la peine de mort civile, et frappé par la confiscation de tous ses biens, cesse d'être obligé au paiement de ses dettes. Cette extinction de la dette qui est fondée sur la double circonstance de la perte des droits civils et de la confiscation des biens, est non seulement une décision d'équité, mais encore une décision de droit strict : *Ut non tantum æquitatis, et miserationis ratione, sed etiam ipso jure obligatio extinguitur. Faber ad jurisprud. Papin. « Cùm neque ulla æquitatis ratio suaserit, neque » adeò potens fuerit jurisdictio prætoria, ut per eam, civitate » exutus, ac amissis bonis nudus exulans, actione civili posset » conveniri. »* Voet, *ad tit. ff. de capit. minut.* Elle veut que cette obligation passe au fisc, à qui ses biens sont dévolus, à l'insu, et contre la volonté de ses créanciers ; de même, qu'après la mort naturelle d'un individu, ses dettes passent à ses héritiers qui succèdent à l'universalité de ses droits et actions *in universum jus defuncti.* Et comme le fait très-judicieusement remarquer le savant Faber, comment le condamné à une peine emportant la mort civile, pourroit-il continuer à être tenu à

l'exécution d'une obligation que la loi définit *un lien du droit civil, par suite duquel on est astreint à faire ou à donner quelque
chose : obligatio est juris vinculum , quo necessitate adstringimur
alicujus rei solvendæ secundum nostræ civitatis jura (vid. Institut.,
lib. 3, tit. 14 , in princ.*); lorsque, par le fait de la mort civile encourue, le condamné est censé ne plus exister? « *Fuit quidem ille
» per pœnam deportationis liberatus ab onere totius æris alieni
» præcedentis.* Leg. 3, cod. de sentent. pass. *Quia cùm obliga-
» tio sit juris vinculum ut ex ipsius definitione apparet , juris , in-
» quam, civilis si de obligatione civili agamus, qualem esse necesse
» est eam , ex quâ dari actio possit non potest fieri , ut civiliter
» obligatus intelligatur, is qui amiserit civitatem.* » Vid. Faber Ju-
» risprud.; Papin, tit. 12, lib. 1, princip. 3, illat. 4.

C'est la loi politique, on en conviendra, qui a prononcé la
mort civile des émigrés et la confiscation de leurs biens ; mais
c'est la loi civile, indépendamment de la loi politique , et quand
bien même cette dernière loi n'en auroit contenu aucune disposition, qui a fait une novation de la créance ; qui a substitué
un débiteur nouveau à l'ancien débiteur mort civilement ; de
même que c'est la loi criminelle qui prononce contre le condamné, la peine qui entraîne la mort civile et la confiscation des
biens ; mais c'est la loi civile qui règle les effets de la mort civile. Il suffit que le condamné ait encouru la mort civile, ou par
une loi politique, ou par une loi criminelle, pour que la loi civile intervienne et dispose sur les biens et sur les droits que laisse
le condamné, comme elle disposeroit si le condamné étoit mort
naturellement. Nous déciderons donc, avec Me Locré, et en em-
ployant ses propres expressions, mais en ajoutant que la loi civile prononce comme la loi politique, et suffiroit seule pour justifier sa décision , « que la loi politique, par l'effet de la nova-
» tion forcée qu'elle a opérée dans la personne du débiteur et
» dans la nature de la créance, a complétement et sans retour,
» libéré les émigrés et leurs biens, et donné l'État seul pour
» débiteur à leurs anciens créanciers. »

Le principe de la libération absolue des anciens débiteurs, ainsi que de leurs biens, dit encore Me Locré, ainsi que la substitution de l'Etat à eux, a été reconnue et appliquée par les actes particuliers du gouvernement, toutes les fois que l'occasion s'en est offerte.

Elle s'est présentée rarement, parce qu'avant 1814, les créanciers des émigrés éliminés ou amnistiés, ont rarement élevé la prétention de faire rentrer leurs anciens débiteurs dans des engagemens que la confiscation avoit abolis; cependant ils l'ont tenté quelquefois, mais toujours sans succès.

Ainsi, dans les motifs d'un décret du dernier gouvernement, dans l'affaire des enfans de M. de Giverville, émigré, contre le sieur *Breand*, créancier de leur père, et qui demandoit à être payé du montant de sa créance, sur des immeubles abandonnés par l'Etat aux enfans de Giverville, pour les remplir de leur tiers coutumier que leur assuroit la coutume de Normandie, et provenant de la succession de leur père, on lit : « que les enfans » de Giverville ne sont pas des héritiers proprement dits, mais » bien des créanciers liquidés ; que c'est l'Etat qui les paie, et » *que c'est un principe incontestable, relativement aux biens con-* » *fisqués, que l'Etat les rend, les délivre, ou les donne en fran-* » *chise d'hypothèques.* »

Le 24 décembre 1810, un autre décret du gouvernement, délibéré en conseil d'Etat, et sur le rapport du conseiller d'Etat ayant le département des domaines nationaux, dans l'affaire de Mme Aubert-Dumesnil, contre les enfans de Saint-Sauveur, fait l'application du même principe. Ce décret décide que la confiscation a libéré indéfiniment les biens confisqués même d'une créance ayant pour cause une dot.

Le 18 mars 1813, troisième décret du dernier gouvernement, qui confirme les mêmes principes dans l'affaire d'un sieur Brantès contre Mme de Monteynard.

Pour ne rien laisser sans réponse sur une question aussi grave, nous ne dissimulerons pas quelques objections qu'on pourroit opposer contre la doctrine consacrée par les trois décrets du gouvernement précités , et nous y répondrons.

Ces objections se tirent, de la loi du 16 ventose an IX , dont l'art. 1ᵉʳ a prorogé le délai pour prendre inscription en faveur des créanciers hypothécaires d'individus inscrits sur la liste des émigrés , et dont les biens avoient été séquestrés , et dont l'art. 3 permet aux créanciers de prendre des inscriptions sur des biens dont la main-levée du séquestre a été ordonnée au profit d'individus inscrits sur la liste des émigrés ; et d'un arrêté du dernier gouvernement du 3 floréal an XI , qui paroît avoir mis à la charge des émigrés amnistiés ou éliminés celles de leurs créances antérieures à la confiscation , que l'Etat n'avoit pas encore acquittées , malgré l'engagement formel qu'il en avoit contracté.

La première objection s'évanouit dès qu'on l'examine avec attention. Cette objection consiste à dire, que les biens rendus aux émigrés n'étoient point affranchis des créances hypothécaires dont ils avoient été frappés durant la possession des émigrés et avant la main-mise nationale, puisque la loi du 16 ventose an IX permettoit aux anciens créanciers hypothécaires de prendre des inscriptions sur les immeubles que l'Etat relâchoit aux émigrés.

On verra le néant de cette objection si on fait une juste distinction entre la *radiation* de la liste des émigrés et l'*amnistie* des émigrés. La radiation étoit une *restitution de justice*. L'Etat déclaroit, que c'étoit à tort que le nom de tel individu avoit été porté sur la liste des émigrés, et qu'il devoit en être rayé ; par suite, les biens sur lesquels le séquestre national avoit été induement apposé, lui étoient restitués, et, par une fiction de droit, étoient réputés n'avoir jamais été réunis au domaine de l'Etat ; comme l'émigré radié étoit réputé n'avoir jamais été inscrit sur la liste des émigrés ; ainsi que le citoyen romain qui rentroit de chez l'ennemi, où il avoit été captif, étoit réputé n'avoir jamais quitté un seul instant la cité. *Leg.* 16, ff. *de Captiv. et postlim. revers.* La justice demandoit donc que les créanciers hypothécaires, qui avoient été dans l'impossibilité de prendre des inscriptions contre l'Etat pendant que les biens de leur débiteur étoient sous le séquestre national, eussent cette faculté du moment que ces biens affectés à leurs créances étoient, à titre de *restitution de justice*, sortis des mains de l'Etat. Aussi l'art. 3 de la loi accorde-t-il, pour prendre inscription, un délai de trois mois, à compter de la main-levée du séquestre.

C'est à cette espèce de restitution que s'appliquent les disposi-tions de la loi du 16 ventose an IX ; mais il est évident que cette loi est sans application aux *restitutions de grâce*, qui ont laissé subsister tous les effets produits par les lois sur l'émigration, et qui ont fait aux émigrés la remise de leurs biens non vendus, à titre de grâce ou de libéralité, comme l'ont fait le sénatus-consulte d'amnistie du 6 floréal an X, et la loi du 5 décembre 1814.

La seconde objection, tirée de l'arrêté du 3 floréal an XI, est plus spécieuse. Pour interpréter sainement une loi, il faut remonter au but que s'est proposé le législateur, et en examiner toutes les circonstances, suivant cette règle d'interprétation des lois que nous donnent les jurisconsultes romains, *incivile est*, *nisi totâ lege perspectâ*, *unâ aliquâ particulâ ejus propositâ, judicare vel respondere. Leg. 24*, ff. *de legib.* On comprendroit difficilement l'objet de l'arrêté du 3 floréal an XI, si on se bornoit à en faire connoître le texte ; pour en saisir le véritable esprit, quelques faits sont nécessaires à rappeler.

La loi du 9 floréal an III avoit admis les ascendans des émigrés à demander le partage de présuccession (1); et, au moyen de ces partages, elle avoit déclaré (art. 25) que « la nation renonçoit à » toutes les successions qui, à l'avenir, pourroient échoir aux

---

(1) On appeloit partage de *présuccession* (c'est-à-dire partage avant l'ouver-ture de la succession et du vivant même de celui auquel la loi appeloit à succé-der, si on lui avoit survécu) le partage qui fut d'abord *enjoint*, et ensuite *permis* aux pères, mères, et autres ascendans des émigrés, de faire faire de leurs propres biens entre eux et la république, comme s'ils eussent été morts, et qu'elle eût pris dans leur succession la part de ceux de leurs enfans qui avoient été inscrits sur la liste des émigrés.

9.

» émigrés, tant en ligne directe que collatérale, n'entendant
» recueillir que celles ouvertes jusqu'à ce jour (1). »

Le 11 messidor suivant, sur la motion d'un membre, qui soutenoit que la loi du 9 floréal devoit être rapportée comme injuste dans son principe et dans toutes ses dispositions, la Convention suspendit l'exécution de cette loi, et chargea son comité de législation de lui faire un rapport.

Le 20 floréal an IV, une loi leva cette suspension, rendit à celle du 9 floréal an III son activité, et ordonna que le séquestre tiendroit sur les biens des pères et mères d'émigrés qui ne demanderoient pas le partage, et que s'il avoit été levé il seroit rétabli.

Jusque-là on ne s'étoit pas encore expliqué sur le sort des créanciers des successions que la république auroit recueillies en entier du chef des émigrés ou de celles qu'elle auroit partagées en vertu de la loi du 9 floréal. Une loi du 16 thermidor an VII y pourvut ; elle ordonna aux administrations centrales de procéder à la liquidation de ces successions et à la vente de la portion revenant à la république. S'occupant ensuite des créanciers, elle décida qu'ils seroient payés sur les biens de la succession.

Mais les art. 7 et 8 de cette loi contiennent une disposition qui mérite une attention particulière ; ils fixent le délai dans lequel les créanciers de la succession seront tenus de justifier de leurs titres, et d'affirmer leurs créances ; puis ils ajoutent : « Faute de quoi les
» créanciers n'auront aucun droit sur la portion des successions
» revenant à la République, et ils seront, pour cette part, liquidés
» et payés comme le seront les autres créanciers de l'Etat. »

---

(1) La loi du 28 mars 1793, en déclarant les émigrés morts civilement, avoit ajouté (art. 3, 4 et 5) que les effets de leur mort civile ne pourroient pas être opposés à la République ; qu'en conséquence la République recueilleroit toutes les successions qui leur échoiroient pendant les cinquante années à venir ; et que les personnes qui avoient des émigrés pour héritiers présomptifs ne pourroient ni disposer de leurs biens, ni les aliéner, ni les hypothéquer, au *préjudice de l'action nationale.*

(69)

On remarquera que ces deux articles distinguent très-clairement deux ordres de créanciers et deux classes de biens.

Les deux ordres de créanciers sont, d'un côté, les créanciers immédiats des émigrés ; ceux envers lesquels, eux ou leurs biens, se trouvoient engagés de leur chef avant leur émigration ; et, d'un autre côté, les créanciers médiats, qui n'étoient devenus ceux de l'émigré que du chef de son auteur, et en sa qualité d'héritier.

D'après cette distinction nécessaire, les biens devoient aussi se partager naturellement en deux classes : l'une, des biens que l'Etat acquéroit directement de l'émigré ; l'autre, de ceux qu'elle acquéroit de son chef, et comme exerçant ses droits héréditaires.

Ces distinctions nous serviront tout à l'heure à fixer le véritable sens de l'arrêté du gouvernement du 3 floréal an XI.

Le 8 messidor an VII, une nouvelle loi adoucit un peu la dure législation que la loi du 9 floréal an III avoit introduite ; elle rendit aux ascendans des émigrés les successions qui leur étoient échues depuis le partage. Elle porte aussi la renonciation de la République à toutes successions collatérales à échoir, autres que celles dans lesquelles l'émigré seroit héritier de son chef, soit pour le tout, soit pour partie.

Enfin, l'arrêté du 3 floréal an XI, achevant ce que la loi du 8 messidor an VII n'avoit qu'ébauché, priva de ses effets, pour l'avenir du moins, la funeste loi du 9 floréal an III. Ce fut là, nous ne dirons pas seulement son principal, nous dirons son unique objet. Toutes ses dispositions doivent donc tendre à cet objet seul, et s'y référer. Dès lors, quand cet arrêté parle des créanciers des émigrés, on ne peut, on ne doit entendre que les créanciers médiats, les seuls dont il s'agissoit de régler le sort. A quel propos se seroit-il occupé des créanciers des émigrés immédiats, sur lesquels les autres lois avoient prononcé, et ne pouvoient être rapportées par un simple arrêté du gouvernement ?

Qu'on veuille faire attention à l'économie de l'arrêté ; on verra qu'il confirme ce que nous venons de dire de son but et de son objet.

Il commence par rétablir les familles dans leurs droits héréditaires.

A ce premier acte de justice il en ajoute un second ; il statue que les créanciers des successions qui se sont ouvertes du chef des émigrés au profit de la république, c'est-à-dire les créanciers médiats, seront payés sur le produit des biens héréditaires, c'est-à-dire sur les biens tombés indirectement dans la confiscation.

L'arrêté règle ensuite le mode de liquidation et de paiement, et c'est dans cette troisième partie que se trouvent les art. 11 et 12.

L'art. 11 est ainsi conçu : « Tout créancier d'émigré rayé, éli
» miné ou amnistié, qui voudra exercer ses droits contre son
» débiteur, pourra réclamer ses titres ; s'il les avoit déposés, ils
» lui seront rendus, à moins qu'il n'ait donné quittance, et reçu
» son titre de liquidation définitive. »

L'art. 12 porte : « Les créanciers d'émigrés rayés, éliminés
» ou amnistiés, qui prétendront que leurs débiteurs n'ont reçu
» aucune restitution de biens, ou n'en possèdent pas de suffisans
» pour les payer, pourront demander que leurs liquidations
» soient faites conformément aux lois sur la dette publique. »

Mais quand le premier des deux articles qu'on vient de retracer décide que les créanciers d'émigrés rayés, éliminés ou amnistiés, pourront exercer leurs droits contre leurs débiteurs, il parle *pro subjectâ materiâ*. Les droits auxquels la disposition s'applique sont ceux que les créanciers d'un défunt pourroient avoir sur les biens héréditaires recueillis par l'héritier, en vertu de l'art. 2.

De même, quand l'art. 12 dispose que les créanciers des émigrés ne seront autorisés à se faire payer par l'Etat que dans le cas où leur débiteur seroit sans biens, ou que ces biens seroient insuffisans, cette disposition concerne le créancier immédiat et personnel de l'émigré, qui exerce ses droits sur les biens héréditaires que l'émigré a recueillis, qui, sous ce rapport, est demeuré son créancier, et qui reprend la qualité de créancier de l'Etat dont la loi l'avoit investi, quant aux biens confisqués, dans la mesure que les biens, non confisqués et advenus à son débiteur par le bénéfice du droit civil, n'ont pas suffi pour le remplir en sa qualité de créancier civil et personnel.

C'est sur ces raisons, et presque dans les mêmes termes, que Me Locré, dans sa consultation du 6 février 1819, se fonde pour décider que les dispositions de cet arrêté du 3 floréal an XI ne peuvent être appliquées qu'aux créanciers des successions recueillies par la république, comme représentant les émigrés, et restituées aux émigrés rayés, éliminés ou amnistiés, en vertu de l'art. 2 du même arrêté. Me Locré va encore plus loin : il soutient, que l'arrêté du 3 floréal an XI ne peut être obligatoire pour les émigrés, parce que, n'ayant pas été publié dans le Bulletin des Lois, il n'existe pas pour eux légalement ; que ce défaut de publication le frappe d'une nullité radicale, et qu'il ne peut ni ne doit être suivi par les tribunaux, qui ne doivent appliquer que des lois qui ont été promulguées ; enfin, que cet arrêté n'a rien changé à la novation des créances des émigrés opérée et prononcée par les lois antérieures.

Nous avons dû, sur une question aussi importante que celle que nous examinons, ne négliger aucun argument ; et nous n'avons pas dû omettre les moyens par lesquels un jurisconsulte aussi habile que Me Locré combat les objections que les adversaires des émigrés ont paru tirer jusqu'à présent avec beaucoup d'avantage de divers décrets du dernier gouvernement, et particulièrement de l'arrêté du 3 floréal an XI. Ces moyens sauront être appréciés. Quant à nous, et pour rentrer dans la question qui nous est soumise, qui est de savoir si les biens rendus aux émigrés en vertu de la loi du 5 décembre 1814, sont affectés aux dettes dont ces biens étoient grevés avant leur confiscation, nous nous fonderons sur d'autres raisons, pour arriver à la même décision.

Nous admettrons d'abord, et pour un moment, que l'arrêté du 3 floréal an XI, et même que plusieurs autres arrêtés émanés du chef du dernier gouvernement, ont accordé à tous les créanciers des émigrés indistinctement la faculté de poursuivre leurs anciens débiteurs, malgré la novation prononcée par les lois des 1er mars

1793 et 1ᵉʳ floréal an III ; et nous allons examiner quels effets pourroient, dans cette hypothèse, exercer lesdits arrêtés sur les biens
rendus en exécution de la loi du 5 décembre 1814. D'abord, il seroit absurde de prétendre que le gouvernement qui a rendu ces
arrêtés, a entendu disposer pour le cas où les biens non vendus
des émigrés, et que ce gouvernement conservoit en vertu des lois
expresses, comme faisant partie du domaine de l'Etat, seroient
remis aux anciens propriétaires, ou à leurs ayans cause. Ces arrêtés
ne peuvent avoir acquis aux créanciers des émigrés aucun droit
sur des biens qui étoient alors irrévocablement unis au domaine
de l'Etat. Ces biens étoient dans les mains de l'Etat libres et affranchis de toute action de la part de ces créanciers, et des dettes que
l'arrêté du 3 floréal an XI mettoit à la charge des émigrés. Si, en
passant des mains de l'Etat dans celles des anciens propriétaires,
ou de leurs ayans cause, les biens rendus en vertu de la loi du 5
décembre 1814, de libres et francs qu'ils étoient, ont pu être
affectés au paiement des dettes antérieures dont ils avoient été
affranchis sans retour par des lois expresses, ce n'a pu être que
par une disposition de cette même loi du 5 décembre 1814, ou par
une loi postérieure ; car des arrêtés du dernier gouvernement n'ont
pas pu prononcer sur des droits qui ne sont nés qu'après sa propre
destruction. Un arrêté de Buonaparte n'a pas pu concéder aux
créanciers des émigrés des droits sur des biens qui leur seroient
rendus par la grâce du Roi.

Que l'arrêté du 3 floréal an XI exerce, si l'on veut, son influence ;
qu'il ait acquis des droits à des créanciers des émigrés sur des biens
qui furent rendus à leurs débiteurs en vertu du sénatus-consulte du
6 floréal an X (sénatus-consulte d'amnistie) ; que cet arrêté ait
pu ou n'ait pas pu détruire la novation des créances des émigrés,
opérée par les lois contre les émigrés, qui n'ont pas été rapportées par le gouvernement impérial, et dont les effets pour le passé
ont été formellement maintenus par l'article 1ᵉʳ de la loi du 5 décembre 1814 ; que ce décret, en décidant (s'il a en effet décidé)
que les émigrés qui n'étoient pas restitués dans l'universalité de

leurs biens confisqués, et dont l'Etat conservoit même la propriété, ou le prix provenu de la vente qu'il en avoit faite, pouvoient cependant être tenus, envers leurs créanciers, au paiement
de la totalité de leurs dettes existantes au temps de la confiscation,
et que l'Etat avoit solennellement promis d'acquitter ; que ce décret soit contraire à tous les principes de législation qui ont jusqu'ici servi de règle aux législateurs et aux jurisconsultes, pour
les cas semblables à ceux qui sont nés de la mort civile des émigrés, et de la confiscation de leurs biens ; qu'il viole ouvertement
toutes les maximes de l'équité et du droit, et qu'il renchérisse encore sur la législation des émigrés, décrétée par la Convention
nationale, en foulant aux pieds des principes que cette trop fa-
meuse assemblée elle-même n'avoit pas osé méconnoître (ceux
qui veulent que le fisc qui profite des biens d'un condamné, acquitte
ses dettes) ; ce qui n'est qu'une conséquence du principe du droit
qui veut que les biens du condamné ne soient acquis au fisc qu'autant qu'il en reste, après le paiement des dettes : *non possunt
ulla bona ad fiscum pertinere, nisi quæ creditoribus superfutura
sunt, leg.* 11, ff. *de jur. fisc.*, ce n'est pas ce qu'il s'agit *d'examiner*
ni de décider : la question à décider est de savoir, si cet arrêté a
fait revivre sur les biens rendus par la loi du 5 décembre 1814,
des créances hypothécaires qui avoient perdu irrévocablement ce
caractère ? si des hypothèques éteintes sur ces biens, et jusqu'à la
publication de la loi, ont pu renaître par des lois antérieures qui
ne disposoient pas et ne pouvoient pas disposer sur ces mêmes
biens ? et il suffit d'énoncer cette question pour la résoudre néga-
tivement. Il n'est pas nécessaire de faire de grands efforts de science
et de logique pour prouver qu'une loi n'a pu régir des droits qui
n'étoient ni ouverts ni acquis à l'époque de sa publication. L'arrêté
du 3 floréal an XI n'a pas pu imposer aux émigrés des obligations
sur des biens qui ne leur ont été rendus que plusieurs années
après. Cet arrêté auroit pu autoriser contre les émigrés des actions
personnelles ; mais il n'a pu créer, ou seulement faire revivre des
actions hypothécaires sur des biens qui faisoient alors partie du do-

maine de l'Etat, et dont ils n'ont été distraits que sous un autre gouvernement.

De toutes ces réflexions nous conclurons, comme Mᵉ Locré, que les lois sur les émigrés, et les principes du droit commun sur les effets attachés à la mort civile et à la confiscation des biens, par l'effet de la novation forcée que ces lois ont opérée dans la personne du débiteur et dans la nature de la créance, ont complètement et sans retour libéré les émigrés de leurs dettes, et donné l'Etat seul pour débiteur à leurs anciens créanciers.

Mais la loi du 5 décembre 1814 n'a-t-elle pas changé cet état de choses ? La remise des biens non vendus, faite par cette loi aux anciens propriétaires, ne leur a-t-elle pas rendu leurs dettes en même temps que leurs biens ? Dans cette circonstance quelles sont, d'après les principes du droit commun, les obligations que cette remise des biens impose à ceux qui ont obtenu cette grâce du souverain, ou, si l'on veut, cette justice ?

« Il seroit bien extraordinaire, dit Mᵉ Locré, que la restaura-
» tion eût rendu la condition des émigrés plus dure qu'elle ne
» l'étoit sous le gouvernement impérial. »

Nous pensons en effet, comme Mᵉ Locré, que cela seroit fort extraordinaire ; mais il seroit peut-être permis de n'en être point étonné : heureusement qu'on ne peut pas adresser ce reproche à aucun acte du gouvernement du Roi, relativement aux créanciers des émigrés sur les biens rendus par suite de la loi du 5 décembre 1814. Cette loi a bien permis aux créanciers de faire des actes conservatoires sur ces biens, mais elle s'est arrêtée là. Rien n'est encore jugé entre les émigrés et leurs anciens créanciers. Le législateur n'a pas encore prononcé, nous ne devons pas le calomnier, et supposer d'avance que la balance dans laquelle le droit des émigrés sera pesé par le Roi légitime, leur sera moins favorable que celle dans laquelle leur droit fut pesé par le gouvernement impérial.

Au reste, les émigrés ne demandent au Roi légitime aucune grâce, ils ne sollicitent aucune faveur ; ils ne réclament que ce que tout souverain doit à tous ses sujets, la justice, et l'application des lois même faites contre eux. Que veut la justice ? que décident ces lois et celles qui en sont les plus sûrs interprètes, dans les cas où elles n'ont point parlé? C'est ce que nous allons exposer. Reprenons les principes de droit et les maximes de notre jurisprudence française, que nous avons développés au commencement de cet écrit, et appliquons-les aux émigrés.

On a prouvé que les émigrés devoient être assimilés pour les effets résultant contre eux de la mort civile et de la confiscation de leurs biens, aux déportés des Romains, et aux condamnés au bannissement perpétuel hors du royaume, dans notre jurisprudence ; et on en a conclu que tant qu'il n'y aura pas de loi spéciale sur cette matière, les lois romaines et notre ancienne jurisprudence seront les seules règles à suivre pour déterminer les droits pour ou contre les émigrés, qui naissent de leur restitution dans leurs droits civils.

On a établi d'une manière incontestable que, dans les principes du droit romain, suivis par notre ancienne jurisprudence française, le condamné à une peine emportant la mort civile et la confiscation des biens, qui étoit restitué dans ses droits civils par le bénéfice du Prince, sans lui restituer en même temps l'universalité des biens qui lui avoient été confisqués, n'étoit tenu au paiement d'aucune de ses dettes existantes au moment de la confiscation ; que ces dettes étoient tellement éteintes, à l'égard du condamné, que le créancier ne pouvoit en poursuivre le paiement sur les biens acquis par le condamné postérieurement à sa condamnation, et que le créancier n'avoit d'action que contre l'Etat (1).

Si le condamné étoit restitué dans une partie seulement de ses

---

(1) *Vid.* **Leg.** 3 et 4, *cod. de sentent. pass.* ; Mornac et Pérézius, sur ce titre du code, **Leg.** 2 et 3, ff. *de sentent. pass.*; Legrand, sur la Coutume de Troyes, tit. 7, art. 133, §. 33; Bouhier, sur la Coutume de Bourgogne, chap. iv, num. 452; Chassanée, sur la même Coutume ; Coquille, *Quest.* 2 ; Traité du Domaine, par Lefèvre-Laplanche, liv. VIII, chap. iv, num. 13.

10.

biens, non à titre singulier, mais à titre universel, comme, par
exemple, dans le tiers ou dans la moitié, le condamné n'étoit tenu
au paiement de ses dettes (on veut parler des dettes existantes au
moment de la mort civile) que dans la même proportion, c'est-à-
dire le tiers ou la moitié ; mais remarquons bien qu'il falloit que la
restitution fût faite à titre universel et d'une quotité des biens, et
non à titre particulier. *Si verò partem bonorum accepit, pro ratâ
portione ejus tenetur*, dit la loi 3, *Cod. de sentent. pass.*

Pérézius, sur ce titre du code, et en citant cette loi, donne cette
règle à l'égard du condamné restitué dans son état civil : « *Sed et*
» *creditoribus quoque adversus eum actiones restituuntur, idque*
» *pro eâ parte bonorum quam recepit.*

» *Quod si*, dit Voet, *in Pandect. tit.* de sentent. pass. et restitut.,
» §. 5, *non omnia bona, sed pars eorum, seu quota, veluti tertia,*
» *quarta, sexta, ad restitutum ex indulgentiâ revertatur, etiam pro*
» *ratâ portione ejus rursus incipit teneri; planè si restitutio sese non*
» *porrexerit ad bona damnati, fiscus ea retinens, omni quoque oneri*
» *æris alieni obnoxius remanet ; nec creditores ex ante gesto habent*
» *cùm eo qui debitor fuit, ullas actiones. Usque adeò ut si vel maxime*
» *ut res quasdam ex indulgentiâ Principis habet, impetraverit,*
» *ab onere tamen æris alieni ex præcedente tempore liberatus ma-*
» *neat.* »

Il ne suffit donc pas, pour que le restitué soit tenu, même à
une simple quotité des dettes, que la remise de quelqu'un de ces
biens lui ait été faite à titre singulier et par la grâce du Prince ;
il ne peut devenir obligé aux dettes que par une restitution des
biens à titre universel. C'est encore un principe enseigné par
Cujas, dans son Commentaire sur le titre du Code *de sentent.
pass.* « *At bonis non restitutis ullà ex parte, onera creditorum*
» *remanent apud fiscum veluti successorem, is debet respondere*
» *creditoribus proscripti vel damnati*, etiamsi *restituto in inte-*
» *grum rem aliquam ex bonis* Princeps concesserit putà fundum
» illum aut domum illam, non partem bonorum sed rem certam.
» Leg. 3 et 5, Cod. de sentent. pass., *Est magna differentia*

» *inter rem et partem*, *ut leg. penult.* Cod. de heredib. instituend.
» §. Si quis una institut. de fideicomm. hereditat. »

Vid. Oddus *de restitutionibus*, *quæst.* 9ᵇ, *num.* 16 *et sequent.*;
Christinæus, vol. 4, decim. 208, n° 8.

Maintenant rien n'est plus facile que de décider si l'émigré restitué dans ses droits civils par l'ordonnance royale du 21 août 1814, et qui récupère ses immeubles non vendus, en vertu de la loi du 5 décembre 1814, redevient obligé au paiement de toutes les dettes qu'il avoit contractées avant la confiscation, et que l'État s'étoit chargé d'acquitter, en admettant qu'aucune prescription ni déchéance n'eût libéré l'État de ses dettes?

Il est incontestable que l'émigré est obligé au paiement de la totalité de ses dettes, si l'État lui a restitué la totalité, l'universalité, *universum jus*, de ses biens confisqués; et qu'il est tenu à payer une partie proportionnelle de ces dettes, s'il n'a été restitué que dans une quotité de l'universalité de ses biens; mais si aucune restitution à titre universel ne lui a été faite, s'il n'a pas obtenu une restitution de justice, mais bien une restitution de grâce; s'il n'a recouvré par la grâce du Prince, que des objets certains, et à titre singulier, comme dit Cujas : *Fundum illum, aut domum illam, tel champ, telle maison*, ses dettes existantes au moment de la confiscation, demeurent à la charge du fisc ou de l'État, qui est seul chargé de les acquitter, comme étant le successeur du condamné; il faut appliquer aux émigrés restitués, ce que dit Cujas que nous venons de citer *Onera creditorum remanent apud fiscum veluti successorem*, *is debet respondere creditoribus proscripti vel damnati*.

« Il faut ajouter, dit l'auteur du Traité des Domaines, liv. 8,
» chap. 9, que, quoique les lettres de grâce rétablissent le con-
» damné dans sa dignité, si elles ne le rétablissent en même
» temps dans ses biens, il ne peut être poursuivi par ses créan-
» ciers. › *Leg. 2 et 3*, ff. *de sentent. pass. et restitut.*, et *leg. 3*,
Cod. *eod.*

Voilà ce que toutes les lois, tous les jurisconsultes décident pour les condamnés à la mort civile , restitués par la grâce du Prince ; voilà ce que la raison , le droit et l'équité veulent que le législateur décide sur les droits des créanciers des émigrés contre leurs débiteurs restitués contre la mort civile et ses effets, dont ils avoient été frappés.

Il ne nous reste plus à décider qu'une question de fait, l'ordonnance royale du 21 août 1814, et la loi du 5 décembre de la même année, ont-elles, en restituant les émigrés dans leurs droits civils, restitué aussi les émigrés dans l'universalité ou dans une quotité de l'universalité de leurs biens confisqués ?

L'ordonnance du 21 août 1814 déclare que « tous les Français » exercent les droits politiques et civils, nonobstant toute ins- » cription sur les listes d'émigrés, lesquelles demeurent abo- » lies , à compter du jour de la publication de la Charte cons- » titutionnelle, sous la réserve expresse des droits acquis à des » tiers. »

Cette ordonnance ne statue que sur les droits civils, dans lesquels elle restitue les émigrés , à compter du jour de la publication de la Charte constitutionnelle ; elle ne prononce aucune restitution des biens confisqués sur les émigrés ; elle ne dit pas aux émigrés ce que l'empereur Antonin disoit à *Licianus* , qui, ayant été condamné à la peine de la déportation, et par conséquent à la peine de mort civile , lui étoit présenté par le préfet du prétoire : « *Restituo te in integrum et provinciæ tuæ , ut autem scias* » *quid sit in integrum restituere , honoribus , et ordini tuo , omni-* » *bus cæteris restituo.* » Leg. 1, Cod. de sentent. pass.

La grâce accordée par Sa Majesté aux émigrés, se borne à la restitution de l'exercice des droits politiques garantis par la Charte, et à la jouissance des droits civils attachés à la qualité de citoyen.

Quant à la loi du 5 décembre 1814, elle a accordé aux émigrés , non pas la restitution de tous leurs biens, meubles et immeubles, et de l'universalité des droits ou des actions mobilières

et immobilières dont ils avoient été dépouillés par la confiscation prononcée contre eux, mais une *remise* à titre singulier,
et *ratione gratiæ*, des immeubles non vendus et existans dans le
domaine de l'Etat. On a déjà démontré que cette remise étoit
un *don*, une libéralité envers les anciens propriétaires dépossé-
dés par la confiscation, et non un acte de justice. La loi fait la
remise à titre singulier ; car elle spécifie (art. 2), quels sont les
biens dont la remise est ordonnée ; ce sont les *immeubles*
(dit l'art. 2), ce qui exclut les meubles et toutes les choses réputées meubles par la loi ; « ensuite les rentes purement fon-
» cières, les rentes constituées, et les titres des créances, dues
» par des particuliers, et dont la régie seroit actuellement en
» possession. »

. La loi n'a pas entendu remettre l'universalité des droits et actions, et toutes les choses, tant meubles qu'immeubles, que la
confiscation avoit fait entrer dans le domaine de l'Etat ; tout ce
qui n'a pas été littéralement désigné dans la loi, n'est pas compris
dans la remise qu'elle prononce, dans la libéralité qu'elle fait aux
anciens propriétaires. C'est pour cette raison que des statues qui
ornent encore aujourd'hui le jardin des Tuileries, des tableaux qui
décorent le Musée royal, et des livres qui figurent dans nos bi-
bliothèques publiques, n'ont pas pu être rendus aux anciens propriétaires, qui les ont en vain réclamés depuis la loi du 5 décembre
1814, en rapportant la preuve complète que ces objets avoient
été confisqués sur eux en vertu des lois contre les émigrés. Le
ministre de l'intérieur a constamment répondu aux réclamans que
ces statues, ces tableaux, ces livres, quels que fussent leur prix
et leur valeur, et le dénuement des anciens propriétaires qui en
avoient été spoliés, devoient rester dans le domaine de l'Etat, la
loi du 5 décembre 1814 n'étendant pas sa libéralité jusque sur les
meubles ou sur les choses réputées mobilières. Ainsi l'Etat, qui
rendoit à l'ancien propriétaire un arpent de bois de la valeur de
cent francs, ou même une broussaille d'une moindre valeur, pouvoit et devoit garder une statue ou un tableau de cent mille francs.

Le ministre de l'intérieur avoit raison ; car l'Etat, libre de donner les biens ou de les conserver, d'après les principes qui ont servi de base à la loi du 5 décembre 1814, a le droit de retenir tout ce dont il n'a pas voulu se dessaisir.

Concluons donc, en point de fait, que la remise faite aux émigrés de leurs biens immeubles non vendus, n'a été faite qu'à titre singulier, non à titre universel, d'une quotité de l'universalité de leurs biens ; et de ce point de fait nous conclurons, en point de droit, avec tous les jurisconsultes sans exception, que les émigrés ne sont point tenus, et sur ces biens, au paiement des dettes par eux contractées avant la confiscation.

Voilà ce que les lois prononcent ; voilà ce que tout jurisconsulte, digne de ce nom, répondra sur les prétentions des créanciers des émigrés, voilà ce que Mᵉ Locré a répondu et démontré dans sa consultation du 6 février 1819 ; et si notre conviction n'étoit pas intime, si la solution de la question nous présentoit quelques doutes, nous serions confirmés dans notre décision par l'opinion d'un jurisconsulte qui a sur cette législation, faite sous ses yeux, pour ainsi dire, et sur son véritable esprit, des connoissances spéciales.

Mᵉ Locré, sans entrer aussi avant dans le fond de la question que nous avons cru devoir le faire, et sans s'appuyer sur les mêmes raisons que nous venons d'exposer, établit cependant et développe tous nos principes. Il démontre, que d'après les débats et les termes de la loi du 5 décembre 1814, les émigrés n'ont pas recouvré leurs biens non vendus en vertu de leur ancien droit de propriété, mais comme *donataires ;* qu'étant donataires ils ont reçu les biens donnés francs et quittes, tels que les possédoit le donateur ; que de là il suit que leurs anciens créanciers n'ont rien à prétendre sur ces biens.

L'art. 2 de l'ordonnance du 21 août 1814, dit-il, « rend aux » Français encore inscrits leurs droits politiques et civils, et s'ar- » rête là ; et comme les constitutions du Prince ne disposent que » pour l'avenir, tout est effacé pour l'avenir, tout subsiste pour le

(81)

» passé. » Les émigrés ont été émigrés ; ils ont été frappés de
mort civile ; les biens qu'on leur rend ont été confisqués ; la confiscation a éteint leur ancien droit de propriété ; elle a libéré leurs
biens, ils les reprennent *à titre nouveau.* Ce titre n'étant pas onéreux, ne peut être qu'une donation. Transmettant des biens confisqués, *c'est un don de confiscation.* Pour refuser d'admettre des
principes de droit aussi universellement reçus, et d'en faire aux
émigrés l'application que l'on vient de voir, il faudroit aller jusqu'à
refuser aux émigrés le droit d'invoquer les dispositions des lois
contre l'émigration, qui les ont frappés de mort civile, en avouant
franchement que ces lois peuvent et doivent avoir conservé tout
leur effet quand elles peuvent leur être contraires, et qu'elles ont
perdu toute leur puissance, même sur le passé qu'elles ont régi, et
qu'il n'est plus dans la puissance humaine de détruire, suivant la
règle de droit *facti autem, causæ infactæ, nulla constitutione fieri
possunt* (vid. Leg. 12, §. II, ff. *de captiv. et postlim.* , et *leg.* 31,
ff. *de regul. jur.*), lorsque, par un heureux hasard ces lois et la jurisprudence qui les a appliquées peuvent, on ne dira pas, leur causer
un grand bénéfice, mais seulement diminuer leurs pertes, ce qui
seroit aussi contraire à la raison qu'à la justice, et ce qu'aucune loi
promulguée depuis la restauration n'a encore autorisé, et jusque-là,
la maxime que les lois sont indivisibles, doit prévaloir.

Il faudroit faire plus encore, et refuser aux émigrés le droit
d'invoquer le bénéfice que les lois romaines et notre propre jurisprudence accordent aux condamnés à la peine de la déportation
ou au bannissement perpétuel hors du royaume pour les crimes
les plus graves, et qui étoient ensuite restitués par la grâce du
Prince. Mais ce refus d'appliquer aux émigrés le principe du droit
commun sur les effets de la mort civile et de la restitution dans la
jouissance des droits civils, par la grâce du Prince, ne pourroit être
fondé que sur une loi, et on demandera où est cette loi.

Il seroit à désirer que les personnes qui seront appelées à préparer dans les conseils du Prince ou à voter dans les deux Chambres
sur la loi qui doit régler définitivement les droits des créanciers des

émigrés sur les biens qui leur ont été rendus, pussent se dégager de tout esprit de parti et de la prévention contre les émigrés, qui est sans doute une conséquence de l'état d'hostilité dans lequel nous avons considéré les émigrés pendant la révolution, et des lois de sang et de colère dont ils ont été l'objet ; c'est le seul moyen de faire de bonnes lois, et dont on n'ait point à se repentir un jour : mais combien il est difficile que ce vœu se réalise ! « Les lois » rencontrent toujours les passions et les préjugés du législateur ; » quelquefois elles passent au travers et s'y teignent, quelquefois » elles y restent et s'y incorporent. » (*Esprit des Lois*, liv. XXIX, chap. xix.)

Nous ne craindrons pas de dire que dans une question qui se rattache à l'émigration et aux lois faites pendant la crise de la révolution, il n'y a, pour le législateur, qu'un seul moyen d'éviter le reproche de s'être montré trop favorable à l'un ou à l'autre parti, c'est de suivre les décisions consacrées dans les cas semblables par la sagesse des siècles. C'est alors, et seulement alors, que la loi pourra mériter le respect de tous les partis, comme elle a droit à leur soumission et à leur obéissance.

§. III.

En supposant que l'action personnelle subsiste encore contre les émigrés en faveur de leurs créanciers, pour les dettes existantes au moment de la confiscation, les émigrés sont bien fondés à opposer à leurs créanciers toutes les déchéances et les prescriptions que l'Etat auroit pu opposer à ces créanciers.

Abandonnons pour un moment les principes que nous avons développés dans les deux paragraphes précédens, et leurs conséquences : supposons que les dettes des émigrés, que l'Etat s'étoit chargé d'acquitter, en confisquant leurs biens, leur ont été rendues ; que ces dettes, dont l'extinction avoit été prononcée à leur égard, cessent d'être à la charge de l'Etat, et que les créanciers reprennent tous leurs droits contre leurs anciens débiteurs, quoique

l'Etat ne restitue pas à ces débiteurs les biens qu'il leur a confisqués, au moins à titre universel, et *ratione justitiæ*.

Dans cette supposition, les émigrés auroient été représentés
par l'Etat pendant leur inscription sur la liste des émigrés ; tous
leurs droits, tant actifs que passifs, ont été exercés par l'Etat. En
les reprenant des mains de l'Etat, par la restitution dans la jouissance de leurs droits civils, ils les reprennent tels qu'ils existoient
dans les mains de l'Etat au moment de la restitution. C'est sur
cette raison que la cour de cassation a jugé, par un arrêt du
16 prairial an XII, rapporté dans les Questions de Droit de
M. Merlin (*Verb.*, *Prescription*, §. 5), « qu'un émigré, pendant
» son émigration, avoit été représenté, tant activement que pas-
» sivement, par la république, contre laquelle la prescription
» auroit couru au besoin par le défaut d'aucune demande de sa
» part. » On pourroit citer d'autres arrêts de la cour de cassation,
qui ont condamné les émigrés amnistiés à exécuter des jugemens
rendus contre la république, qui les représentoit. Ainsi, il a été
jugé par deux arrêts de la cour de cassation, l'un, de la section
des requêtes, du 22 ventose an XIII; l'autre, de la section civile,
de la même année : que l'émigré amnistié ne peut pas attaquer des
jugemens auxquels la république a acquiescé en son nom, et
comme exerçant ses droits. Le même principe vient d'être appliqué dans toute sa rigueur par un arrêt de la cour royale de
Paris, première chambre, du 26 avril 1819, contre un des cohé-
ritiers de M. le comte de Broglie. Cet arrêt a jugé, que pendant
l'émigration d'un des enfans de M. le comte de Broglie ; qui avoit
accepté la succession de son père en minorité, et avant son émigration, le délai que l'ordonnance de Villers-Cotteret (art. 134)
accordoit aux mineurs pour se faire restituer contre les actes par eux
consentis durant leur minorité avoit couru, et qu'il résultoit de là une
fin de non-recevoir insurmontable contre sa demande en rescision
de l'acceptation de la succession de son père, pour cause de minorité.

Ces principes avoient déjà été, depuis la restauration, appliqués
par un célèbre arrêt de la même cour, du 10 janvier 1818, dans

l'affaire de M. de Pontcarré, contre les enfans Laguibourgère. Cet arrêt est rapporté dans le Journal du Palais, tome Ier, de l'année 1818.

Ce n'est, au surplus, qu'une très-juste conséquence de la mort civile des émigrés, et de la confiscation de l'universalité de leurs droits et actions au profit de l'Etat. Les émigrés, durant leur inscription sur la liste des émigrés, et avant leur élimination ou leur amnistie, ont eu un héritier de leur vivant; et cet héritier étoit l'Etat ou le fisc. Car le fisc, quand il succède à l'universalité des droits du condamné, est réputé par la loi être l'héritier du condamné : *Qui succedit in universum jus, hœredis loco habetur. Leg.* 128, §. I, ff. *de Regul. jur.*

Le fisc représentoit tellement les émigrés, que les actions quelconques qui leur appartenoient devoient être exercées par les régisseurs de l'enregistrement, poursuite et diligence des procureurs-généraux syndics devant les tribunaux qui auroient dû en connoître, si lesdits émigrés avoient eux-mêmes exercé leurs droits. (Loi du 25 juillet 1793, sect. 5, §. 1, art. 11.)

Il en étoit de même des actions passives. Toutes procédures intentées contre les émigrés, pour raison de leurs dettes passives, avoient été déclarées éteintes; ceux qui avoient déjà exercé ces actions, ou qui prétendoient avoir droit d'en exercer, à quelque titre que ce fût, ne pouvoient plus exercer d'action que contre l'Etat (même loi, sect. 5, §. 2, art. 13); comme, après la mort du défunt, les actions des créanciers ne peuvent plus être intentées que contre l'héritier.

De là il suit que l'émigré a été légalement représenté par l'Etat; que tout ce qui a été fait avec l'Etat est censé avoir été fait avec lui-même. Si ses débiteurs ont plaidé avec l'Etat et ont obtenu des jugemens favorables, ils produisent à son égard l'exception de la chose jugée, comme s'ils avoient été rendus avec eux-mêmes. Si les créanciers ont fait condamner l'Etat à leur payer ou à leur délivrer quelque chose, ce jugement ne peut être attaqué par l'émigré restitué dans ses droits civils, que dans le cas où l'Etat auroit été recevable à le faire. En d'autres termes, les droits quelconques acquis contre l'Etat sont acquis contre l'émigré ; et par identité de raison, l'émigré doit profiter de tous les droits acquis par l'Etat contre ses créanciers. Si pendant la mort civile de l'émigré l'Etat a plaidé contre un de ses créanciers, et a obtenu le renvoi de la demande, l'action du créancier est éteinte contre l'émigré, comme elle l'étoit contre l'Etat. Si la prescription commencée a accompli son cours, elle profite à l'émigré restitué qui peut l'opposer à son créancier. C'est ce que M. le procureur-général Merlin établissoit, dans ses conclusions, dans la cause de la commune de Pressigny, contre le sieur Desmiers : « Le citoyen » Desmiers, disoit ce magistrat, reçoit des mains de la Répu-» blique les biens que la République lui restitue ; il les reçoit dans » l'état où ils se trouvent au moment où la restitution lui en est » faite ; il les reçoit grevés des jugemens qui ont pu être rendus » contre la république ; il les reçoit enrichis des jugemens que la » République a pu obtenir. En un mot, le citoyen Desmiers prend » à tous égards la place de la République. » Enfin, si le législateur qui a prononcé la confiscation, et qui avoit le droit de commander et de prescrire des règles aux créanciers des émigrés, comme aux émigrés eux-mêmes, après avoir déclaré que l'Etat acquitteroit les dettes des émigrés, a soumis les créanciers à produire leurs titres contre leurs débiteurs dans un délai déterminé, sous peine de déchéance ; si, indépendamment de cette déchéance, résultante des lois particulières et spéciales, un décret du dernier gouvernement (le décret de déchéance du 25 février 1808) a prononcé la déchéance de toutes les créances des émigrés, non liquidées, qui étoient à la charge de l'Etat ; si, par la force de ce décret, dont l'application a continué à être faite depuis la chute du dernier gouvernement à tous les créanciers de l'Etat, avec une inexorable rigueur, l'Etat a été pleinement libéré, cette libération profite à l'émigré ; car elle constitue *un droit acquis* pendant que l'Etat représentoit l'émigré, et l'art. 1er de la loi du 5 décembre maintient et assure leur plein et entier effet, « soit envers l'Etat, soit envers

» les tiers à tous actes passés, à tous *droits acquis* avant la publica-
» tion de la Charte constitutionnelle, et qui seroient fondés sur des
» lois ou des actes du gouvernement relatifs à l'émigration. »

Pour refuser à l'émigré le droit de se prévaloir de la déchéance encourue par son créancier pendant qu'il étoit mort civilement, il faudroit admettre à la fois ces deux propositions : l'une, que pendant leur mort civile les émigrés n'ont pas été légalement représentés par l'Etat; l'autre, qu'ils peuvent revenir contre les actes que l'Etat a passés en leur nom; et ces deux propositions sont évidemment inadmissibles : elles sont repoussées par la lettre comme par l'esprit de la loi du 5 décembre 1814. Les émigrés restitués dans leurs droits civils par le sénatus-consulte d'amnistie du 6 floréal an X, ou par l'ordonnance royale du 21 août 1814, reprennent leurs droits, tant actifs que passifs, dans la situation où ils étoient dans les mains de l'Etat au moment de leur restitution, et sans pouvoir rien y changer. Ils peuvent donc opposer à leurs créanciers le bénéfice de la déchéance acquise à l'Etat, comme ceux-ci sont bien fondés à demander contre eux l'exécution des actes et le maintien des droits qu'ils ont pu acquérir contre l'Etat.

Les émigrés sont donc libérés, si l'Etat l'étoit lui-même en vertu des lois qui ont prononcé la déchéance des créanciers. Ces lois sont : celle du 25 juillet 1793, sect. 5, §. 2, art. 13, qui ordonne aux créanciers des émigrés de déposer leurs titres de créances au directoire du district où sera fixé le domicile de leur prétendu débiteur, avant le 1er mars 1794, à *défaut de quoi ils seront et demeureront déchus de tous droits;* et celle du 1er floréal an III, tit. 2, art. 11, qui porte : « Tout créancier d'émigré, soit
» directement, soit à cause de successions qui peuvent être échues
» audit émigré, sera tenu de faire le dépôt de ses titres de créance,
» avec les pièces justificatives, au secrétariat de l'administration
» du district du domicile fixé à son débiteur par la liste générale
» des émigrés de la république, sur laquelle son nom sera porté,
» dans le délai de quatre mois après la publication de cette liste,
» *à peine de déchéance.* »

(Art. 15.) « Ceux qui ont déjà exercé des droits contre les
» émigrés, ou qui prétendroient avoir droit d'en exercer, à quelque
» titre que ce soit, seront tenus de déposer, dans les délais pres-
» crits par les art. 11 et 14 ci-dessus, leurs mémoires, titres, rôles
» de frais légitimement faits, et autres pièces justificatives, *à*
» *défaut de quoi ils seront déchus de tous droits.* »

Sans doute qu'en se fondant sur des dispositions aussi impéra-
tives, l'Etat auroit déclaré déchus ceux des créanciers des émigrés
qui avoient négligé de s'y conformer, et il s'ensuit que les émigrés
sont bien fondés à faire valoir, contre ces créanciers, cette exception de déchéance que l'Etat n'auroit pas opposée en vain.

A l'égard des émigrés qui n'ont été restitués dans leurs droits
civils que postérieurement au décret de déchéance du 25 février
1808, ils peuvent opposer, comme un obstacle insurmontable à
toute demande en paiement, que ce décret a éteint irrévocablement leurs dettes qui, étant une fois éteintes, n'ont pu revivre,
lorsque l'Etat s'est dessaisi, en faveur des émigrés, des droits actifs
et passifs existans au moment de la restitution de l'émigré.

Mais on pourra opposer que cette décision est singulière, qu'elle
choque ouvertement la jurisprudence constamment établie et suivie,
tant par les tribunaux de première instance, que par les cours
royales et la cour de cassation ; que tous les jours des émigrés sont
traduits par-devant les tribunaux par leurs anciens créanciers qui
réclament contre eux le paiement des dettes antérieures à leur
émigration, et que les tribunaux les condamnent à payer, sans
avoir égard à l'extinction de la dette opérée par la mort civile du
débiteur. Comment peut-on espérer de faire changer cette jurisprudence ?

Nous conviendrons que cette jurisprudence existe ; qu'elle est,
si l'on veut, générale, qu'elle n'est point contestée ; mais, nous
le disons hautement, cette jurisprudence n'est appuyée sur aucun
fondement solide : elle est repoussée par le droit, par l'équité ;
elle prouve un oubli des premiers élémens du droit dans les juges
qui ont rendu les jugemens, et dans les avocats qui ont défendu

les émigrés, ou une prévention aveugle qui égare leur raison, et leur fait méconnoître les principes les plus vulgaires.

Cette jurisprudence doit changer du moment que la question sera examinée avec bonne foi, et qu'on en cherchera la solution dans les véritables principes des lois positives, et dans les maximes invariables d'une saine jurisprudence, et non dans quelques actes d'un gouvernement arbitraire et despotique, qui, devant son origine à la révolution, devoit traiter les émigrés comme ses ennemis.

Aussi déjà la question ayant été soumise à un jurisconsulte distingué, Mᵉ Locré, l'examen qu'a fait ce jurisconsulte, et sa réponse, dont il a donné les motifs les plus développés, ont été favorables à l'émigré. Mᵉ Locré a décidé, dans l'affaire du comte d'Oilliamson, contre le sieur Signard, qui poursuit le premier par-devant le tribunal de première instance de Falaise, en paiement d'une dette contractée par le comte d'Oilliamson, plusieurs années avant son émigration, que par l'effet de la mort civile encourue par suite de l'émigration, la dette de l'émigré avoit été éteinte sans retour, que l'émigré et ses biens étoient irrévocablement libérés, et que le créancier n'avoit plus d'autre débiteur que l'Etat.

Ni l'arrêté des consuls du 3 floréal an XI, ni la circulaire du ministre des finances, du 3 frimaire an XII, n'ont paru à Mᵉ Locré pouvoir être opposés aux émigrés. Par cet arrêté, si on en croit les créanciers des émigrés, le gouvernement auroit dit clairement aux émigrés : « J'avois promis de payer tous vos créanciers sur le » prix de tous vos biens, meubles et immeubles, de quelque na- » ture que fût leur créance ; mais en ce moment je me décharge » sur vous de cette obligation. Vous paierez toutes vos dettes tant » qu'il vous restera quelques moyens, et je ne les liquiderai » qu'autant qu'il me sera justifié que vous ne possédez pas de quoi » les acquérir. »

Il est évident qu'un arrêté du gouvernement (qu'on pourroit d'ailleurs justement soutenir n'être pas obligatoire, par le défaut d'aucune publication, et même d'insertion au Bulletin des Lois,

comme l'a très-bien fait remarquer M⁣ᵉ Locré), ne pouvoit pas
détruire les dispositions des lois qui avoient, d'une part, éteint
les dettes des émigrés à leur égard, par l'effet de la mort civile et
de la confiscation ; et, d'autre part, avoient mis ces dettes à la
charge de l'Etat. La novation de la créance ayant été prononcée
par une loi, ne pouvoit pas être détruite par un arrêté, ni par
une circulaire d'un ministre sous le gouvernement impérial. L'influence que ce gouvernement exerçoit sur les tribunaux, a pu les
porter à prendre ces arrêtés du gouvernement pour base de leurs
jugemens ; mais aujourd'hui, sans contester l'autorité de la chose
jugée dont profiteront ceux qui ont obtenu des jugemens contre les
émigrés, il doit être permis de discuter devant les tribunaux l'autorité de ces actes illégaux du gouvernement impérial, d'en
prouver l'injustice révoltante, et de faire prévaloir les lois que ces
actes n'ont pas pu annuler. Craindroit-on aujourd'hui ce qu'on
craignoit de Buonaparte ? et ses décrets, quelque iniques qu'ils
fussent, seroient-ils encore pour les tribunaux des ordres dont ils
ne pourroient s'écarter ? C'est ce qu'on ne peut pas penser.

Ce qu'on a dit jusqu'à présent de plus spécieux pour les créanciers des émigrés, les principaux motifs que les arrêts ont donnés,
se réduisent à dire que les dettes des émigrés étoient attachées à
leurs personnes ; on invoque l'autorité de Loyseau, Traité du
Déguerpissement, *liv.* 4, *chap.* 1. *num.* 4, que nous retraçons
littéralement : « et premièrement pour le regard des dettes per-
» sonnelles qui proviennent du contrat ou délict fait par la
» personne, il est aisé à entendre que le déguerpissement ne l'en
» peut pas exempter ; car ces dettes et obligations non-seulement
» redondent sur tous les biens du débiteur, mais vraiment et pré-
» cisément elles sont dues par la personne, et sont comme atta-
» chées et inhérentes à ses os, disent nos docteurs. »

On se fonde sur la décision du droit, qui veut que l'incendie
ou la perte par inondation des biens du débiteur, ne le libère pas
des dettes hypothéquées sur ces biens (*Leg.* 11, *cod. si cert. petat.*
Incendium œre alieno non exuit debitorem ; et on assimile la con-

fiscation des biens des émigrés par suite de la mort civile dont ils ont été frappés, à la perte des biens causée par un incendie, ou par une inondation ; nous avons vu accueillir ces principes par un arrêt de la cour d'appel de Paris, du mois de juillet 1809 , dans l'affaire de M. *de Bouthilliers*, contre les héritiers *Cerf-ber*.

Mais c'est une erreur manifeste, ces principes n'étoient pas ceux qui pouvoient être invoqués ; c'étoient les lois spéciales relatives à l'émigration, et les principes du droit commun qui seuls étoient applicables à ces cas. Et ces lois ainsi que ces principes déclaroient et avoient expressément décidé, que la mort civile du condamné emportoit l'extinction des dettes existantes au moment de la confiscation. Nous l'avons démontré.

Que faut-il décider dans le cas où le créancier et le débiteur ont tous les deux été portés sur la liste des émigrés ?

On pourroit ici demander si la décision que nous venons de donner, devroit être différente dans le cas qui s'est présenté quelquefois, où le créancier et le débiteur auroient tous les deux été portés sur la liste des émigrés ? Non. En voici les raisons : d'où provient l'extinction de la dette de l'émigré ? De sa mort civile. Or, la mort civile de l'émigré, ainsi que toutes les conséquences qui en sont la suite , n'existent pas moins lorsque le créancier de l'émigré débiteur étoit lui-même porté sur la liste des émigrés. Seulement c'étoit l'Etat qui devenoit créancier de l'émigré, et il arrivoit que les deux qualités de créancier et de débiteur, se confondant dans une même personne (l'Etat), la créance étoit éteinte par la *confusion*.

Or, si la créance a été éteinte par la confusion, elle n'a pas pu revivre par le seul fait de la restitution de l'émigré dans ses droits civils, à moins de détruire expressément les effets produits par la mort civile, durant l'inscription sur la liste des émigrés, et tous les droits acquis à des tiers pendant la mort civile de l'émigré.

Nous ne devons pas dissimuler que cette décision est contraire à la jurisprudence.de la cour de cassation, et à celle de l'ancien Conseil d'Etat.

D'abord, dans la cause des sieurs de Ludres contre les sieur et dame d'Hofflise, la cour de cassation a jugé, par un arrêt de la section civile, du 5 ventose an XIII, au rapport de M. Genevois (cet arrêt est rapporté dans le Journal du Palais, deuxième sémestre an XIII), « que l'extinction des créances des émigrés, » par le moyen de la confusion prononcée par le sénatus consulte » d'amnistie du 6 floréal an X, ne peut avoir lieu que dans l'in- » térêt de la république, »

Et plusieurs décrets impériaux, parmi lesquels nous nous bornerons à citer ceux des 3o thermidor an XII, rendus dans l'affaire de la demoiselle *Languedor Becthomas*, contre le sieur Lambert, et 15 avril 1806, dans l'affaire de la veuve *Surgère* contre les héritiers *Servanteau-Lechasserie*, ont également décidé en principe de droit, « que la *confusion* énoncée en l'article 17 du séna- » tus-consulte du 6 floréal an X, n'a lieu qu'en faveur de la répu- » blique, et ne peut être opposée par les débiteurs émigrés, à » leurs créanciers émigrés, du moment où la main-mise natio- » nale a cessé. »

Pourquoi craindrions-nous de dire que ces décisions, quelque juste déférence que méritent les autorités supérieures judiciaires et administratives dont elles émanent, nous paroissent contraires aux véritables principes des lois; et que l'interprétation qu'elles donnent à l'article 17 du sénatus-consulte du 6 floréal an X, est entièrement arbitraire ? Comment, si la dette de l'émigré a été éteinte par la confusion, pourroit-elle encore revivre après l'amnistie de l'émigré ? A l'égard de l'émigré débiteur, sa dette a été éteinte par sa mort civile, et ne peut pas revivre contre lui, s'il n'obtient du souverain, avec la restitution dans ses droits civils, la restitution de tous ses biens à titre universel, et à titre de justice. A l'égard de l'émigré créancier, sa dette a été éteinte par la confusion ; l'Etat, par une fiction de droit, est réputé en avoir reçu le paiement, et avoir donné quittance à son débiteur. Com-

(92)

ment concevoir d'ailleurs, que l'émigré créancier puisse exercer
aucune action pour une créance de cette nature, lorsque l'art. 17
du sénatus-consulte du 6 floréal an X, excepte, en termes exprès,
de la restitution qu'il prononce en faveur des émigrés amnistiés,
« les créances qui pouvoient leur appartenir sur le trésor public,
» et dont l'extinction s'est opérée, par confusion, au moment
» où la république a été saisie de leurs biens, droits et dettes
» actives. »

Ainsi on ne rend pas au créancier de l'Etat sa créance, par le
motif qu'elle a été éteinte par la confusion, et on voudroit faire
revivre, au préjudice de l'émigré débiteur, une créance dont le
même principe sur la confusion a dû opérer l'extinction ; c'est-à-
dire, que lorsque la loi devroit être invariable, on lui fait décider,
tantôt que la confusion a éteint une créance, tantôt qu'elle l'a
laissé subsister.

Ce n'est pas tout encore : à l'arrêt de la cour de cassation, section civile du 5 ventose an XIII, et au décret du 30 thermidor
an XII, on peut opposer deux autres arrêts de la section des requêtes ; le premier du 13 mai 1807, dans l'affaire du sieur Leclerc
de Juigné, contre la dame de la Gacherie ; le second, du 24 mai
1808, au rapport de M. Ruperou dans l'affaire de M. de Brissac
contre M. Daligre ; ces deux arrêts ont décidé « que, d'après les
» lois de la matière, la confusion s'étoit opérée jusqu'au moment
» où la main-mise de l'Etat avoit cessé, pour les arrérages ou inté-
» rêts d'une créance due par un émigré à un autre émigré, tous
» les deux représentés par la république. » Or, s'il est vrai, comme
ces arrêts l'ont jugé, que les intérêts produits par une créance due
par un émigré à un autre émigré, ont été éteints par la confusion,
comment le capital lui-même de la créance a-t-il pu échapper à la
loi de la confusion ? C'est ce qui répugne aux principes du droit sur
la confusion.

Enfin, nous ferons une observation qui nous paroît décisive,
c'est que l'arrêt du 5 ventose an XIII et le décret du 30 thermidor
an XII sont antérieurs à la loi du 5 décembre 1814, qui a formel-

lement maintenu tous les droits *acquis* avant la Charte constitutionnelle, et qui seroient fondés sur des lois ou des actes du gouvernement relatifs à l'émigration. Or, si, à l'époque de la publication de la Charte constitutionnelle, la dette de l'émigré étoit
éteinte par la confusion, elle n'a pas pu revivre depuis : on ne peut
donc pas se prévaloir pour régler une contestation née de l'exécution de la loi du 5 décembre 1814, d'un arrêt qui a été rendu plusieurs années avant cette loi.

Voudroit-on invoquer un arrêt récent de la cour de cassation,
section civile, du 24 mars 1817, rapporté au Journal du Palais
(tom. 3, ann. 1817), et qui a jugé, dans la cause des héritiers
Desrioux contre la fabrique de Messimy, qu'une rente due par la
succession Desrioux à cette fabrique, n'avoit pas été éteinte par la
confusion opérée pendant que la nation étant aux droits de la fabrique de Messimy, possédoit en même temps les biens laissés par
le sieur *Desrioux*, condamné par un jugement du tribunal révolutionnaire ? Nous répondrions que cet arrêt est sans application
aux émigrés amnistiés : on voit par les motifs de cet arrêt, qu'il est
fondé sur ce que la loi du 18 prairial an III, en restituant les biens
confisqués sur les condamnés révolutionnairement, à leurs héritiers, « avoit entendu remettre les choses dans l'état où elles étoient
» avant cette confiscation, et conséquemment que la rente due à
» la fabrique de Messimy, hypothéquée sur ces mêmes biens, lui
» fût payée à l'avenir comme elle l'avoit été avant la confis-
» cation.

» Qu'au moment où l'Etat avoit restitué les biens du sieur *Des-*
» *rioux* aux dames *Romanet* et *Moignat*, ses filles, et à l'instant
» même de cette restitution, les choses étoient rentrées dans leur
« état primitif. »

Mais la loi du 5 décembre 1814 n'étant point, comme celle du
18 prairial an III, une restitution pleine et entière, *plenissima
restitutio* ; et les choses, au lieu d'avoir été remises dans l'état où
elles étoient avant la confiscation, ayant été maintenues dans l'état
où elles étoient à l'époque de la publication de la Charte constitu-

(94)

tionnelle, il est impossible d'en tirer les mêmes conséquences que l'arrêt a tirées de la loi du 18 prairial an III.

§. IV.

Comment la loi à venir doit régler les droits des créanciers et des débiteurs entr'eux.

En partant du principe que nous avons établi dans le premier paragraphe, que les émigrés ne recouvroient pas leurs biens non vendus en vertu de leur ancien droit de propriété, mais comme donataires, la conséquence naturelle étoit, qu'ils recevoient les biens francs et quittes, tels que les possédoit le donateur, et que leurs anciens créanciers n'avoient rien à prétendre.

Ces raisons étoient tellement décisives qu'elles auroient certainement prévalu, si elles eussent été présentées dans toute leur force ; mais dans la discussion qui eut lieu en 1814, on les entrevit à peine. Dans la séance du 24 octobre, le député Dumolard, après avoir balancé les motifs qui lui paroissoient pouvoir être invoqués pour les créanciers antérieurs aux confiscations, et pour les débiteurs, proposa un amendement conçu en ces termes : « Les » créances hypothécaires, assises antérieurement à la confiscation » sur tous les biens rendus, seront réduites au tiers du capital de » ces créances. »

Le député Bouchard est celui de tous les opinans, qui paroît avoir le mieux saisi le véritable point de la question. Dans la séance du 29 octobre 1814, ce député s'exprimoit ainsi : « Mais » il est une considération bien importante, même pour les droits » des tiers ; si la loi que vous porterez paroissoit n'être qu'une » loi de libéralité, une sorte de donation ; dans le cas où un créan- » cier d'émigré auroit des droits à faire valoir, celui-ci ou ses hé- » ritiers pourroient lui dire : le titre sur lequel vous fondez votre » prétention avoit perdu sa valeur depuis long-temps, la propriété

» que j'ai retrouvée m'a été allouée à titre de bienfait, vous n'avez
» rien à me demander. »

L'opinant auroit pu ajouter, que l'émigré ayant été libéré de ses
dettes par le fait de la mort civile et de la confiscation, elles ne
pouvoient pas revivre par une remise de biens faite à l'émigré à titre
singulier, et non à titre universel. Si on avoit consulté les principes
de droit et la législation existante, on auroit vu que la question
étoit décidée ; faute d'avoir fait ces réflexions, la commission centrale, chargée du rapport du projet de loi, se borna à proposer
d'ajouter au projet de loi un article ainsi conçu : « Une loi particu-
» lière réglera les droits et actions des créanciers des émigrés,
» relativement aux biens dont la remise est ordonnée par la pré-
» sente loi.

» La discussion à laquelle cet article donna lieu (dit M.ᵉ Locré
» dans sa consultation du 6 février 1819), prouve que les idées
» étoient peu faites, et qu'on étoit peu avancé dans la connois-
» sance du positif. Plusieurs opinans commencèrent par supposer
» le principe que les biens confisqués n'étoient francs et quittes que
» dans la main de la nation ; que rentrés dans celles des émigrés,
» ils reprenoient la qualité de propriétés particulières, retomboient
» sous l'empire de la loi civile, et se chargeoient de nouveau des
» dettes et hypothèques dont la confiscation les avoit affranchis
» quant à l'Etat. Personne ne s'avisa d'examiner ce qu'il en étoit,
» personne ne fit observer que sans doute les biens rendus rede-
» venoient des propriétés particulières, et retomboient sous la loi
» civile pour l'avenir ; mais que jusque-là ils avoient été des biens
» confisqués ; que cette qualité étoit indélébile, qu'elle soustrayoit
» les biens, quant au passé, à l'empire de la loi civile, pour les
» soumettre à celui de la loi politique, et que la loi politique les
» avoit indéfiniment affranchis. Il auroit même été fort bizarre
» que, lorsque la loi politique déclaroit la confiscation irrévo-
» cable, lorsqu'elle disposoit dans l'intention que jamais ces biens
» ne reviendroient à leurs anciens propriétaires, elle eût néan-
» moins prévu le cas où ces propriétaires les reprendroient par

» l'effet des éliminations, ou de l'amnistie, auxquelles elle ne
» devoit assurément pas s'attendre ; qu'elle eût distingué entre
» l'Etat et les émigrés, pour ne libérer les biens que vis-à-vis de
» l'Etat, et les laisser hypothétiquement sous le poids de leurs
» charges, si ces émigrés à qui elle les ôtoit à jamais, venoient
» un jour à les recouvrer. Une distinction aussi absurde, et par
» laquelle le législateur se scroit contrarié lui-même, ne se lit pas
» dans le texte de ses lois ; et loin qu'on puisse l'inférer de leur
» esprit, leur esprit la repousse au contraire.

» Si la Chambre des Députés de 1814 eût abordé le véritable
» point de la question, si elle eût discerné par quels principes la
» matière étoit régie, si elle se fût mieux rendu compte de la lé-
» gislation existante, elle se scroit réduite à décider qu'il n'y avoit
» rien à décider, parce que la loi politique avoit prévu à tout. »

Nous partageons l'opinion de Mᵉ Locré : nous croyons, comme
lui, qu'il n'y avoit rien à décider, c'est-à-dire que les créanciers
des émigrés, antérieurs à la confiscation, n'avoient aucun droit
sur les biens rendus à leurs anciens débiteurs ; nous pensons que
non-seulement les lois politiques, c'est-à-dire les lois contre les
émigrés, le décidoient ainsi expressément, mais encore les lois
civiles qui règlent les effets civils de la mort civile et de la confiscation des biens ; nous en avons dit les raisons.

Ce que la Chambre des Députés de 1814 auroit dû faire, ce
qu'elle n'a pas fait, faute de remonter aux vrais principes sur
lesquels repose uniquement la véritable et seule solution légale de
la question, une autre Chambre mieux éclairée sur les principes de
la matière, et sur le véritable esprit de la loi du 5 décembre
1814, ne manquera pas de le faire ; parce que les principes sont
immuables, et que ce qu'ils prescrivoient en 1814, ils le prescri-
vent encore aujourd'hui. La question est entière : la Chambre de
1814 n'a rien prononcé. A l'article proposé par la commission
centrale, elle en a substitué un autre qui termine la loi du 5 décembre 1814, et qui est ainsi conçu : « Il sera sursis, jusqu'au
» 1ᵉʳ janvier 1816, à toutes actions de la part des créanciers des

» émigrés, sur les biens remis par la présente loi ; lesdits créan-
» ciers pourront néanmoins faire tous les actes conservatoires de
» leurs créances. »

On ne prétendra pas sans doute que ce sursis a détruit les exceptions que les émigrés avoient contre leurs anciens créanciers. Il a
laissé les choses et les droits dans l'état où ils étoient.

On ne prétendra pas non plus qu'en suspendant l'exercice des
actions, la loi décide qu'il y a des actions : qu'en permettant aux
créanciers de faire des actes pour conserver leurs créances, elle
statue qu'il y a des créances. Ce seroit faire dire au législateur
plus qu'il n'a dit. Il ne s'est point occupé, en effet, de fixer les
droits que les créanciers pouvoient avoir ; il n'a point décidé
qu'ils n'en avoient pas ; il a encore moins défini ces droits prétendus. Il a voulu ne rien préjuger : il s'est borné à interdire aux
créanciers qui se croiroient des droits, la faculté de les faire valoir et juger avant le 1er janvier 1816 ; et précisément parce qu'il
ne préjugeoit point, il a déclaré que cette défense ne les empêche-
róit pas de faire des actes conservatoires ; car s'il eût interdit ces
actes, il auroit préjugé que les créances étoient éteintes ou mal
fondées.

L'article 14 de la loi du 5 décembre 1814 n'a donc pas reconnu
les droits des créanciers ; ces droits doivent être jugés comme si
cet article n'existoit pas, comme ils auroient dû l'être par la
Chambre qui a rendu la loi.

Si la Chambre qui va être appelée à prononcer sur cette importante question, sans se laisser entraîner à un mouvement
d'une équité apparente envers les créanciers des émigrés, et sans
prévention pour aucune opinion politique, veut appliquer les véritables principes du droit, et les règles constamment suivies dans
la jurisprudence française, sa décision sera aussi facile que sûre.

Après avoir reconnu en principe que la mort civile des émigrés
a éteint leurs dettes existantes au moment de la confiscation, qui
par la novation sont devenues les dettes de l'Etat, qui s'emparoit
des biens confisqués ; que les biens rendus aux anciens proprié-

taires par la loi du 5 décembre 1814, l'ont été à titre de grâce, et non de justice, et à titre singulier, et non à titre universel; elle décidera, conformément à tous les principes et suivant le sentiment de tous les jurisconsultes, que les biens rendus ne sont point affectés au paiement des dettes antérieures à la confiscation dont ces biens avoient été affranchis par leur réunion au domaine de l'Etat, et qui n'ont pas vu revivre contre les anciens débiteurs, lesquels n'ont pas été restitués dans l'universalité des biens qui leur avoient été confisqués.

Cette décision ne donne lieu à aucune difficulté : elle respecte tous les droits acquis au moment de la publication de la Charte constitutionnelle; droits qu'elle a formellement garantis, et que l'article 1er de la loi du 5 décembre 1814 a maintenus.

De quoi se plaindroient les créanciers ? n'étoient-ils pas, aussi bien que leurs débiteurs, soumis aux lois des assemblées nationales sur l'émigration ? L'Etat n'étoit-il pas devenu leur débiteur, leur unique débiteur ? En se chargeant d'acquitter les dettes des émigrés, l'Etat n'a-t-il pas pu prescrire aux créanciers de produire leurs titres de créances dans un certain délai, sous peine de déchéance ? Leurs créances n'étoient-elles pas éteintes sans retour, au moins à l'égard de l'Etat, au moment de la publication de la Charte constitutionnelle? Cette extinction de leurs créances provenant d'une déchéance encourue par leur propre fait, avoient-ils, plus que les autres créanciers de l'Etat, non liquidés ou déchus, le droit de la faire cesser ? étoient-ils plus privilégiés que les créanciers des communes, des colléges et des hospices, qui ont, malgré eux, été déclarés *créanciers* de l'Etat, et liquidés et payés comme tels, et dont ceux qui n'ont pas été liquidés avant le fatal décret du 25 février 1808, sont irrévocablement déchus? Si les biens non vendus et rendus aux émigrés ou à leurs ayans cause, qui avoient été libérés des anciennes hypothèques dont ils étoient frappés avant la confiscation, n'ont pas été rendus aux créanciers, mais bien aux familles des anciens propriétaires dépouillés, comment ces créanciers, dont les créances ont été éteintes à l'égard des émigrés, par le fait de la mort civile et de la confiscation, ainsi que par les dispositions des lois spéciales sur l'émigration ; et à l'égard de l'Etat par les lois de déchéance, et qui n'auroient pu revivre que par une restitution des émigrés *dans tous leurs droits*, restitution qui n'a pas été faite, ou par une loi expresse qui n'existe pas : comment ces créanciers pourroient-ils élever aucune prétention sur ces biens ? Quoi ! les créanciers des émigrés, qui, en se conformant aux lois, se sont fait liquider, n'auront obtenu que le tiers des sommes qui leur étoient dues, et même en une valeur qui n'a jamais été au pair avec le numéraire ; et ce paiement accepté par eux, et qu'ils ne pouvoient refuser sans encourir la déchéance prononcée par la loi, les rendra non-recevables à rien demander à leurs débiteurs qui ont obtenu la remise de leurs biens non vendus ; pendant que les créanciers qui ont négligé de se conformer à la loi, qui se sont mis au-dessus d'elle, qui ont encouru la déchéance de leurs créances, pourront poursuivre leurs débiteurs, et exiger d'eux le paiement intégral du capital et des intérêts : sinon ils feront vendre aux enchères les restes du patrimoine de leurs débiteurs, qu'ils tiennent de la bienveillance du Roi. Alors il faut changer le titre et les motifs de la loi du 5 décembre 1814, il faut l'intituler, *loi qui relève les créanciers des émigrés de la déchéance par eux encourue par les lois relatives à l'émigration, et qui leur abandonne les biens non vendus des émigrés, faisant partie du domaine de l'Etat, pour être payés intégralement sur ces biens du capital et des intérêts de leurs créances.* Ce n'est plus aux émigrés à rendre au Roi et aux Chambres des actions de grâce pour la libéralité dont ils n'ont pas été l'objet, et dont ils ne recueillent pas le fruit, mais aux créanciers des émigrés qui profitent réellement de cette loi par un bonheur inespéré. « Si vous soumettez, disoit » le député Dumolard, les immeubles à rendre, à l'action inté- » grale des créanciers *déchus*, vous ne ferez à l'émigré qu'une » remise illusoire, vous insulterez en quelque sorte aux créanciers » qui, soumis aux lois, et liquidés en temps utile, ont supporté » l'avilissement du papier monnaie, et les réductions désastrueses

13.

» de la dette publique ; vous ferez un acte dangereux pour l'ave-
» nir, en paroissant récompenser la désobéissance et la rébellion. »
(Voyez l'opinion de M. *Dumolard*, imprimée par ordre de la
Chambre.)

Nous n'avons point dit assez. Ce ne sont pas seulement le titre
et les motifs de la loi du 5 décembre 1814 qu'il faut changer,
mais ses dispositions les plus précises ; c'est-à-dire, qu'il faut trans-
porter aux anciens créanciers déchus le bénéfice que la loi a accordé
aux anciens propriétaires des biens ou à leurs ayans cause. Alors il
faut proposer une loi pour donner un effet rétroactif à la loi du
5 décembre 1814, et enlever aux anciens propriétaires qui ont
obtenu la remise de leurs biens non vendus, le droit qui leur a
été acquis ; il faut retirer le bienfait concédé aux familles des
émigrés pour en gratifier les créanciers relevés d'une déchéance
qui est maintenue, envers les autres créanciers de l'Etat, avec une
inexorable rigueur. Il faut arriver à cette conséquence, que le
créancier de l'émigré, qui s'est conformé aux lois, n'aura reçu que
le tiers de sa créance en inscriptions sur le grand-livre, et que celui
qui s'est mis au-dessus de la volonté du législateur, et s'est joué des
diverses déchéances qu'il prononçoit, sera payé en entier sur les
biens même de l'Etat, dont il a méprisé les lois. On dit sur les
biens même de l'Etat ; car si les biens non vendus des émigrés ne
leur eussent pas été remis par la loi du 5 décembre 1814, ils seroient restés dans le domaine de l'Etat. Ainsi, la loi elle-même
donneroit une récompense aux infracteurs des lois qu'elle a jugé à
propos de maintenir, au moins pour le passé, et avec tous leurs
effets.

C'est cette contradiction évidente entre les conséquences des
prétentions élevées par les créanciers des émigrés, et le but de la
loi du 5 décembre 1814, qui avoit, lors de la discussion de cette
loi, suggéré l'idée de réduire toutes les créances des émigrés,
antérieures à la confiscation, au tiers du capital de ces créances,
et en inscriptions sur le grand-livre de la dette publique. Telle
étoit la base de l'amendement de M. Dumolard, que nous avons rap-

porté ci-dessus. On croyoit suivre l'équité, en accordant au créancier, qui ne s'étoit pas fait liquider, son paiement dans les mêmes
valeurs qui lui auroient été délivrées par le gouvernement s'il se
fût fait liquider. On trouvoit que c'étoit même agir avec une
grande générosité envers le créancier, qui devoit s'estimer heureux
d'être par là relevé de la déchéance qui avoit éteint sa créance.

« La confiscation légale (disoit le député Dumolard, dans la
» séance du 24 octobre 1814) consomma l'expropriation des émi-
» grés ; leurs créanciers devinrent donc ceux de l'Etat. Les uns ,
» soumis aux lois, se sont fait liquider en temps utile, et n'ont
» plus rien à prétendre ; les autres, négligeant de le faire, sont
» déchus sans retour. Pourquoi les récompenser aujourd'hui de
» leur désobéissance ? Les biens devenus nationaux, soumis pri-
» mitivement à leurs hypothèques, en sont purgés sans réserve.

» Cependant, continuoit M. Dumolard, si les créanciers sont
» déchus sans retour aux yeux de la nation et de la loi, n'est-il
» pas humain de les appeler au partage du bienfait accordé à
» leur débiteur ? »

Mais on n'étoit pas dans le vrai ; on ne faisoit que s'égarer en
paroissant céder à l'équité. En effet, si la créance contre l'émigré
n'étoit pas éteinte ; si la remise des biens non vendus, faite à l'émigré, le rendoit passible et tenu au paiement des dettes antérieures
à la confiscation, comme s'il n'eût jamais cessé d'être débiteur,
et comme s'il n'y avoit jamais eu de novation de la créance, la dette
subsistante ne pouvoit être éteinte que par un paiement intégral.
De quel droit le législateur pourroit-il contraindre le créancier à
se contenter du tiers de sa créance ? S'il pouvoit réduire la créance
au tiers, il faudroit aussi admettre qu'il peut la réduire encore
au-dessous, et même à rien : car, il ne peut pas davantage réduire
une partie de la créance que la créance entière ; et si on confesse
qu'il n'a pas le pouvoir de prononcer l'extinction de la créance,
il n'a pas le pouvoir d'en réduire une partie. Et pourquoi fixer
la réduction des créances au tiers, plutôt qu'au quart ou au sixième ?
Si une fois on se livre à l'arbitraire, on ne peut prévoir où on s'ar-

rêtera. A la vérité on assimile le créancier de l'émigré au créancier de l'Etat, et on traite les deux créances sur le même pied : mais que répondroit-on si on objectoit que la loi, qui a prononcé la réduction au tiers des créanciers de l'Etat, ne peut pas être étendue aux créanciers des particuliers ; et que ce que la loi, quoique très-injustement, mais par un motif d'intérêt général, a statué en faveur de l'Etat, elle ne l'a point décidé en faveur des particuliers ; en d'autres termes, que des particuliers ne peuvent pas invoquer le bénéfice, le privilége accordé à l'Etat pour l'intérêt public vrai ou supposé ?

Si la créance contre l'émigré étoit éteinte ; si la déchéance du créancier, acquise à l'Etat pendant la mort civile de l'émigré, et que ce dernier peut opposer au débiteur comme *un droit acquis* et maintenu par l'art. 1er de la loi du 5 décembre 1814, avoit opéré le même effet légal que le paiement réel, sur quel fondement le législateur pourroit-il obliger l'ancien débiteur à payer une partie quelconque d'une dette que la novation avoit éteinte à son égard, et la déchéance à l'égard de l'Etat ? Toute loi qui feroit ainsi revivre, au préjudice du débiteur, une obligation éteinte, excéderoit les bornes du pouvoir du législateur ; elle seroit une injustice intolérable.

On se tromperoit étrangement si on croyoit que le législateur peut tout ce qu'il veut, et que les lois ne sont soumises à d'autres règles que sa volonté : les assemblées diverses, que nous avons vues consacrer, sous le nom de *lois*, les injustices les plus révoltantes, ont pu donner cette idée fausse du pouvoir du législateur. Mais il est temps de revenir, avec le retour à l'ordre et au gouvernement légitime, aux véritables principes de toute saine législation. Le législateur ne fait pas la justice, il la proclame ; il est, suivant l'expression des jurisconsultes romains, assujéti lui-même à la nécessité du droit, *obstrictus juris necessitate*, et à plus forte raison, il doit suivre ses propres lois. Ainsi, lorsqu'une loi a prononcé la déchéance d'une certaine classe de créanciers, et déclaré leurs créances éteintes, le législateur ne peut pas, au mépris d'une disposition aussi formelle, faire revivre, au préjudice des tiers, et tirer du néant, ces créances qui n'existent plus aux yeux de la loi. Le législateur commettroit une véritable injustice en enlevant à un tiers le droit qui lui avoit été acquis en vertu d'une loi. Il y a plus : d'un côté, il accorderoit, par le fait, un véritable privilége aux créanciers qu'il relèveroit de la déchéance par eux encourue, pendant que la déchéance continueroit à frapper sur les créances de la même nature ; ce qui seroit contraire à nos lois constitutionnelles, qui défendent les priviléges ; et, d'un autre côté, les lois de déchéance ne seroient point également appliquées à tous les citoyens, contre le vœu de l'article 1er de la Charte, qui dispose, en termes exprès, « que les Français sont » égaux devant la loi. »

Or, les Français ne seroient point égaux devant la loi, si les mêmes lois de déchéance, qui sont inexorablement maintenues et exécutées à l'égard de certains créanciers, pouvoient ne pas obliger les autres créanciers, et être considérées, à leur égard, comme n'ayant jamais existé. Les lois ne seroient plus, suivant la définition du célèbre jurisconsulte Papinien, une règle commune à laquelle tous les citoyens d'un Etat doivent être soumis : *Lex est commune præceptum*, *Leg.* 1, ff. *de legib.*, mais des exceptions, des priviléges accordés à une classe particulière de citoyens. Il ne seroit donc pas dans la puissance du législateur lui-même de déclarer encore existante une créance frappée de déchéance par des lois encore en vigueur, et encore moins d'en mettre le paiement à la charge de l'ancien créancier, qui a profité de la déchéance *acquise*, et formellement maintenue par l'article 1er du 5 décembre 1814.

On conviendra toutefois, et c'est le seul point sur lequel les créanciers pourroient fonder quelque espoir de faire mettre leurs créances à la charge de leurs anciens débiteurs, que, d'après le système admis contre les émigrés, et dans les principes qui sont la base de la loi du 5 décembre 1814, l'Etat étoit propriétaire des biens confisqués sur les émigrés ; qu'il ne les a rendus aux anciens propriétaires qu'à titre de grâce, et non par voie de justice, et que la libéralité qu'il a faite aux émigrés, il pouvoit ne pas la faire ; il pouvoit conserver, dans le domaine de l'État, les biens immeubles des émigrés non vendus, comme il a conservé les rentes sur l'État dont ils étoient propriétaires, et qu'on a prétendu éteintes par la confusion ; comme il a conservé les tableaux, les statues, les livres, et toutes les choses meubles, ou réputées meubles, confisqués sur les émigrés. Or, dès qu'il rendoit les immeubles non vendus, à titre de grâce, l'État pouvoit mettre à cette libéralité la condition que les émigrés acquitteroient, sur ces biens, les anciennes dettes hypothécaires dont ils avoient été grevés au temps de la confiscation.

Voilà ce qu'on ne peut contester en point de droit ; mais, en point de fait, l'État n'a pas fait aux émigrés cette dure condition ; aucun article de la loi du 5 décembre 1814 ne fait supposer que l'État ait eu cette intention : s'il l'eût eue, l'auteur de la loi l'auroit exprimée, et rien n'étoit plus facile que de l'énoncer. Mais quels motifs auroit pu avoir le législateur d'imposer aux émigrés une semblable condition ? L'État étoit-il encore débiteur des créances des émigrés antérieures à la confiscation ? Pouvoit-on exercer, pour le paiement de ces créances, quelque action contre lui ? Non. L'État étoit libéré sans retour, par la déchéance des créanciers prononcée par le décret du 25 février 1808. Pourquoi auroit-il imposé aux émigrés l'obligation de payer une dette qui n'existoit plus ?

Mais, au moins, la loi du 5 décembre 1814 a-t-elle eu pour but de relever les créanciers de l'État, du chef des émigrés, de la déchéance par eux encourue, et dont la maintenue étoit ordonnée aussi rigoureusement à l'égard des autres créanciers de l'État ? Non. Pourquoi ces créanciers seroient-ils traités plus favorablement que tous les autres créanciers de l'État ? Est-ce aux anciens créanciers des émigrés que la loi a voulu remettre les biens non vendus ? Non, la loi ne l'a point dit, et on ne doit point le supposer : elle a dit le contraire. Précisément et même par cela seul qu'elle n'a

ordonné qu'une remise de grâce et en faveur de la famille des
anciens propriétaires, et non par la voie civile, on est bien fondé
à conclure qu'elle n'a pas entendu faire la remise des biens aux
créanciers des émigrés sur lesquels les biens avoient été confisqués,
puisque ce n'est pas aux *héritiers* des débiteurs, à ceux auxquels la
loi civile impose l'obligation de payer leurs dettes, que les biens
sont rendus.

Et qu'on ne critique pas cette décision, parce qu'il pourroit
peut-être arriver qu'un émigré à qui tout ou partie de sa fortune,
consistant en immeubles non vendus, sera rendu, se trouvera
libéré des dettes dont ces immeubles étoient grevés avant la confiscation, et dont les créanciers n'auront cependant pas été payés
par l'Etat, ayant encouru la déchéance. Qu'on ne dise pas que
l'équité repousse cette décision ; car, outre que ce n'est pas l'é-
quité, mais la loi qui doit servir de règle à la décision, on pourroit
faire remarquer qu'on ne rend pas à l'émigré les fruits que l'Etat a
perçus pour lui pendant plus de vingt ans, et avec lesquels le débiteur auroit pu s'acquitter. Le créancier ne peut pas se plaindre du
dommage qu'il éprouve par son fait, et pour ne s'être point conformé à ce que la loi prescrivoit, suivant la règle de droit, *quod
quis ex culpâ suâ damnum sentit, damnum sentire non intelligitur.*
Leg. 203, ff. *de regul. jur.* Il n'y a que l'Etat qui, ayant acquis
sans bourse délier, et par la voie de la déchéance, la libération de
l'obligation à laquelle il avoit succédé comme représentant l'émigré, libération qu'il transmet au débiteur primitif en même temps
qu'il lui rend ses biens affranchis de toutes dettes, pourroit paroître
libéral envers l'émigré. Mais cette générosité n'est qu'apparente ;
car l'Etat l'a obtenue sans rien payer aux créanciers ; il ne fait don
à l'émigré que d'une exception, d'une fin de non recevoir qu'il a
acquise contre le créancier, et qui est inhérente aux droits qu'il a
exercés comme représentant l'émigré, de la même manière et par
la même raison que l'émigré pourroit se prévaloir pour la prescription, du temps couru pendant la possession de l'Etat. Enfin,
quand l'Etat auroit acquitté la dette de l'émigré, il seroit encore

14

le maître de lui rendre les biens à titre de libéralité , sans exiger la restitution des sommes payées, qu'on pourroit regarder comme compensées par les fruits ou revenus perçus par l'Etat.

Au lieu d'une solution , aussi simple et aussi sûre que celle que nous venons de donner, et qui ne laisse aucun reproche à adresser au législateur, puisque, ne faisant qu'appliquer les principes du droit, il n'est que l'organe des lois émanées d'une éternelle sagesse, et qui ne sont l'œuvre d'aucun parti ; faute de tenir le véritable principe de la solution', on n'a su que s'égarer dans des propositions arbitraires, et dont peut-être le moindre défaut étoit l'abus de la puissance du législateur, et l'injustice et l'inconséquence substituées à la justice et à la raison. Ainsi , et pour donner une idée des divers systèmes qui ont été proposés, et de leurs vices ; quelques uns, en supposant, sans aucun motif, ou plutôt en supposant, contre l'évidence des faits et la disposition des lois, que la révolution avoit traité également l'émigré débiteur et son créancier, ont pensé, que le malheur ou le naufrage ayant été communs, la fortune inespérée, qui venoit l'adoucir, devoit l'être aussi ; en partant de cette idée, on a cru pouvoir appliquer à la solution de la question les lois rhodiennes sur le jet et la contribution en cas de tempête (1); mais c'étoit une erreur manifeste : le principe des lois rhodiennes est ; que tous ceux qui ont eu un intérêt à ce que le jet fût fait, doivent contribuer proportionnellement à la perte.

Lege rhodiâ cavetur , ut si levandæ navis gratiâ jactus mercium factus est, omnium contributione sarciatur quod pro omnibus datum est. Leg. 1 , ff. *de leg. rhod.*

Mais quel rapport peut avoir la vente des biens des émigrés avec le jet dans le cas de tempête ? Aucun. La tempête a existé pour les émigrés, et non pour leurs créanciers, à qui le paiement étoit offert par l'Etat. Que si on opposoit que l'Etat payoit les

____

(1) Voyez l'opinion imprimée de M. le comte de Sèze, dans la séance de la Chambre des Pairs, du 24 mars 1818.

créanciers des émigrés en mandats ou en assignats, on répondroit qu'il en étoit de même des créanciers des particuliers.

Ceux qui se laissoient entraîner à cette fausse supposition, pensoient qu'il étoit juste de faire partager cette bonne fortune aux créanciers, au moyen de tempéramens qui donnassent quelque chose à qui il est dû, sans tout ôter à celui qui doit ; et, sur cette idée, on s'est perdu en propositions : l'un vouloit qu'on appliquât aux créanciers le tiers des biens rendus ; un autre, qu'on prélevât une somme pour la famille de l'émigré, et que le reste fût partagé entre les créanciers et elle ; un troisième, qu'on se réglât sur la valeur des biens rendus ; que quand ils n'excéderoient pas 400,000 fr., la moitié en fût allouée aux créanciers ; que, lorsqu'ils passeroient cette somme, les créanciers en prissent les deux tiers ; et pourquoi, s'il vous plaît, plutôt le tiers que le quart, la moitié que le tiers ? Il seroit impossible d'appuyer d'aucune raison, même apparente, ces calculs proportionnels, ni de leur donner une base quelconque. Ce n'est pas ainsi que des lois doivent être faites. Le législateur ne peut pas procéder d'une manière arbitraire quand il prononce sur des intérêts particuliers ; la justice a ses règles, la jurisprudence a ses lois, il doit les respecter. Une loi fondée sur l'arbitraire, engendre plus de procès, fait naître plus de difficultés inextricables et de contradictions dans son exécution, que si le législateur n'avoit pas parlé. Dans le silence de la loi spéciale sur une matière, il reste les principes du droit et les lois générales dont les juges font l'application, et il s'établit une jurisprudence qui supplée à l'absence de la loi. Nous ne craindrons pas de dire que si la loi qui réglera les droits des anciens créanciers des émigrés sur les biens non vendus qui leur sont rendus, n'étoit qu'une transaction arbitraire entre les créanciers et les débiteurs, il vaudroit mieux ne point rendre de lois, et abandonner aux tribunaux le soin d'appliquer aux cas particuliers les principes du droit et les lois spéciales existantes.

La défaveur des émigrés dans les tribunaux seroit grande sans doute, non pas que les magistrats qui les composent soient, pour la plus grande partie, comme sous les gouvèrnemens précédens, les zélateurs de la révolution et de ses œuvres, les membres de nos diverses assemblées, auteurs de notre législation contre les émigrés, et des actes du dernier gouvernement qui ont étendu et développé cette législation; non pas encore parce que nos magistrats sont habitués à voir toujours dans les lois contre les émigrés, la peine d'un crime dont les coupables n'ont pas été absous, mais seulement *amnistiés;* mais parce que la jurisprudence des tribunaux qui s'est établie pendant le gouvernement impérial a été formée sur des principes erronés, et modelée sur des actes du gouvernement impérial, dans lesquels les lois les plus certaines et la justice ont trop souvent été sacrifiées à la politique du gouvernement et aux intérêts du fisc. Cependant ils ne devroient pas désespérer de leur cause; la voix de la justice finiroit par être entendue; les principes du droit, les maximes de la jurisprudence, ne seroient pas perpétuellement méconnus quand ils seroient présentés à des magistrats intègres.

Une nouvelle jurisprudence, moins contraire aux émigrés, et plus conforme aux véritables principes, finiroit enfin par prévaloir. Cette jurisprudence, qui ne pourroit être que le résultat de longues et dispendieuses contestations judiciaires entre les parties intéressées, seroit encore moins funeste qu'une loi quelconque, qui, en s'écartant des principes du droit que nous venons d'exposer, feroit, entre les émigrés et leurs créanciers antérieurs à la confiscation dont les créances ont été éteintes par leur mort civile ou par la déchéance prononcée contre tous les créanciers de l'Etat non liquidés, une transaction arbitraire; car le plus grand mal qui puisse arriver à un peuple, c'est que l'arbitraire entre dans sa législation, et que le droit de propriété puisse jamais dépendre de la volonté ou du caprice du législateur.

Nous devons signaler les écueils entre lesquels le gouvernement va se trouver, et qui sont le résultat de l'ajournement de la décision d'une question qu'il importoit de résoudre sans délai, et à l'époque même de la publication de la loi du 5 décembre 1814.

Si le gouvernement ne présente pas, à la session des Chambres qui va s'ouvrir, un projet de loi qui règle les droits des anciens créanciers, et définisse les obligations des débiteurs , le sursis accordé à ces derniers par l'art. 14 de la loi du 5 décembre 1814 étant expiré au 1er janvier 1820, de toutes parts les tribunaux vont retentir des poursuites des créanciers ; les biens rendus en vertu de la loi du 5 décembre 1814 vont être livrés aux procédures ruineuses des saisies immobilières.

La jurisprudence ne pourra pas manquer d'être long-temps flottante et incertaine : les jurisconsultes , les tribunaux de première instance, les cours royales elles-mêmes, seront divisés sur la décision de la question ; ce ne sera qu'après plusieurs années que la jurisprudence pourra être fixée par une suite d'arrêts de la cour de cassation : car, dans une question de cette importance , les parties intéressées ne regarderoient pas comme devant fixer irrévocablement la jurisprudence un seul arrêt de la cour de cassation. Alors que de procès qui auront consumé les parties en frais inutiles ; qui auront renouvelé ou entretenu des haines qu'il faudroit travailler à éteindre, et qu'une loi sage auroit pu empêcher de naître, en faisant connoître d'avance la règle par laquelle les tribunaux devront les juger !

Eh ! qu'on ne croie pas que les contestations judiciaires ne s'étendront pas au-delà des émigrés débiteurs et de leurs anciens créanciers. Il ne faut pas douter que des débats s'élèveront entre les créanciers des émigrés eux-mêmes ; que ceux dont les créances seront postérieures à la mort civile de leur débiteur et à la confiscation de ses biens, ayant des inscriptions hypothécaires sur des immeubles rendus par suite de la loi du 5 décembre 1814 , soutiendront que les créances antérieures à la confiscation ont été éteintes, soit par la mort civile du débiteur, soit par la déchéance dont ces créances ont été frappées pendant que l'émigré débiteur étoit représenté par l'Etat ; et qu'ils opposeront eux-mêmes aux créanciers antérieurs à la confiscation toutes les fins de non recevoir que leur débiteur auroit pu leur opposer, et auxquelles il ne pourroit pas renoncer à leur préjudice. Ils viendront exercer les droits de leur débiteur, et des procès ruineux sur les ordres et la distribution du prix des immeubles entre les créanciers, achèveront de ruiner les créanciers et les débiteurs, et consumeront en procédures ruineuses, sans utilité pour les familles émigrées et pour leurs créanciers, les restes du patrimoine échappés au torrent révolutionnaire.

Si cette loi fait une transaction entre le créancier déchu et son ancien débiteur, en réduisant, par exemple, l'obligation de l'émigré au tiers, elle aura contre elle l'arbitraire, et sera, par cela seul, une mauvaise loi.

Si la loi à venir fait plus qu'une transaction, et condamne les émigrés à payer aux créanciers déchus la totalité de leurs anciennes créances, quel seroit le résultat de la loi? Le voici :

D'abord, la loi nouvelle priveroit les émigrés du bénéfice ou de la grâce que la loi du 5 décembre 1814 leur a acquis; elle rendroit cette grâce illusoire, en donnant à des créanciers déchus, des immeubles que l'intention du législateur a été de remettre aux anciens propriétaires ou à leurs familles.

Elle seroit subversive de tous les principes enseignés par tous les jurisconsultes, proclamés par les lois les plus positives, et suivis par la jurisprudence de tous les temps. Le législateur paroîtroit avoir cédé à l'influence d'une faction, et il pourroit justement craindre de mériter un jour les reproches qu'on adresse aujourd'hui aux auteurs des lois sur l'émigration.

Sous le rapport de l'intérêt de l'Etat, cette loi donneroit un exemple, qui n'a pas encore été donné depuis la restauration : celui de créanciers déchus, relevés de la déchéance de leurs créances encourue, prononcée, par le décret de déchéance du 25 février 1808; et cet exemple autoriseroit les plaintes et les réclamations de la part des autres créanciers de l'Etat, également atteints par les décrets de déchéance; les anciens créanciers des communes, des colléges, des hospices qui ne sont devenus créanciers de l'Etat que malgré eux, et dont les créances n'ont pas été liquidées.

Une autre conséquence, qui doit fixer l'attention des Chambres, c'est que le paiement des anciennes dettes des émigrés, mis à leur charge par cela seul que leurs biens non vendus leur ont été remis ou restitués, suppose que cette restitution a été faite à titre de justice; et alors, sous peine d'être injuste, l'Etat ne peut se dispenser de rendre aussi et les rentes sur l'Etat, éteintes par la confusion, et les meubles de toute nature non vendus, qui sont justifiés provenir de confiscations faites sur les émigrés, et que l'Etat ne rend pas aux anciens propriétaires. Le mur d'airain, que, depuis 1814, les Chambres ont constamment voulu élever contre toutes les prétentions des créanciers frappés par les lois et les arrêtés des gouvernemens précédens, relatifs à la déchéance, est ébranlé; et les émigrés, dont les biens ont été aliénés par l'Etat, paroissent bien fondés à en demander la restitution ou une juste indemnité, puisqu'on reconnoît qu'ils en ont été illégalement dépouillés; car, la justice de la restitution ne peut pas dépendre d'un fait étranger à l'émigré : ce fait est l'aliénation des biens confisqués.

Au contraire, tous les inconvéniens graves qu'on vient de retracer disparoissent si la loi est fondée sur ces deux principes : l'un, que la loi du 5 décembre 1814 n'a fait qu'une remise de grâce; l'autre, que les créanciers des émigrés n'ont pas été relevés de la déchéance dont ils ont été frappés.

Dans ce système, la loi à porter se borneroit, en prononçant sur l'ajournement ordonné par la loi du 5 décembre 1814, à décider que l'art. 14 de cette loi est rapporté, et que les créanciers des émigrés, antérieurs à la confiscation, n'ont aucun droit sur les biens rendus en exécution de cette loi.

Les créanciers déchus restent dans l'état où ils étoient avant la loi du 5 décembre 1814; et si leurs créances, éteintes par la force de la loi, ne reprennent pas une existence qu'elles avoient perdue, c'est par une conséquence nécessaire de la rigueur même des principes, que l'intérêt public a invoqués contre les émigrés. C'est au nom de cet intérêt public, que la loi du 5 décembre 1814 leur a imposé l'obligation de maintenir et de respecter tous les droits acquis contre eux pendant leur mort civile; c'est aussi ce même

intérêt qui ne permet pas de relever leurs créanciers de la déchéance qu'ils ont encourue, déchéance qui est aussi un droit
acquis, et fondé sur les lois et actes du gouvernement relatifs à
l'émigration.

CONCLUSION.

En résumant toute la discussion, qui a fait le sujet des quatre
paragraphes précédens, et en en tirant les propositions qui ont été
établies et développées, nous pensons qu'en point de droit on ne
peut contester aucune des propositions suivantes :

Que l'état des émigrés doit être assimilé à l'état des condamnés
à la déportation dans le droit romain, ou au bannissement perpétuel hors du royaume dans la jurisprudence française ; que les
effets civils, résultans de l'émigration, sont absolument les mêmes
que ceux qui étoient produits par la déportation ou par le bannissement perpétuel hors du royaume, à moins qu'il n'y ait été dérogé
par une loi spéciale ;

Que, par le fait de la mort civile et de la confiscation des biens
prononcée contre les émigrés par les lois des 1er mars 1793 et
25 juillet 1793, toutes les dettes dont les émigrés étoient grevés au
moment de la confiscation, ont été éteintes à l'égard des émigrés,
et sont passées, avec l'universalité de leurs biens, à l'Etat, qui s'étoit
chargé de les acquitter ; que les immeubles ont été affranchis de
toutes les hypothèques dont ils étoient grevés ; que ces dettes ont
été éteintes sans retour à l'égard de l'émigré, qui ne peut pas être
tenu de les acquitter sur les biens qu'il a pu acquérir dans la suite,
la novation ayant éteint la créance.

Qu'en point de fait, la remise des biens non vendus des émigrés, faite aux anciens propriétaires, ou à leurs héritiers ou ayans
cause, par la loi du 5 décembre 1814, est une remise de grâce
faite à titre singulier ; que cette loi rend les biens à ces anciens propriétaires ou à leurs représentans, non par la voie civile des
successions, mais bien par la voie naturelle de justice et d'équité,
au profit de la famille des anciens propriétaires ; qu'il suit de là que

la remise des biens ordonnée par cette loi n'a pas fait revivre contre les émigrés leurs dettes antérieures à la confiscation, soit pour le tout, soit pour partie ;

Que ces biens qui, dans les mains de l'Etat, et pendant leur réunion au domaine, avoient été affranchis des dettes et hypothèques dont ils étoient frappés, ont été transmis par l'Etat tels qu'il les possédoit, c'est-à-dire francs et quittes de toutes charges ; que les hypothèques antérieures à la confiscation n'ont pas pu reprendre leurs effets sur ces biens , comme s'ils n'eussent jamais fait partie du domaine de l'Etat ;

Que les dettes des émigrés, antérieures à la confiscation, ne peuvent plus être ponrsuivies contre eux, non seulement parce qu'elles ont été éteintes par la novation opérée par la mort civile, novation dont les effets ne pouvoient cesser que par une restitution de justice, et à titre universel, des émigrés dans tous leurs biens, restitution qui n'a pas eu lieu ; mais encore par la raison que *tous les droits acquis* avant la publication de la Charte constitutionnelle, et qui seroient fondés sur des lois ou des actes du gouvernement relatifs à l'émigration ayant été formellement maintenus, on ne pourroit faire revivre des créances qui ont été frappées par la déchéance prononcée par les lois sur l'émigration et par le décret du 25 février 1808 ; que les émigrés restitués dans leurs droits civils peuvent opposer toutes les prescriptions et toutes les déchéances acquises contre leurs créanciers pendant leur mort civile ; qu'elles sont un *droit acquis*, qui est maintenu, de même que tout autre droit acquis par des tiers au préjudice de l'émigré ;

Que, dans le système qui a servi de base à la loi du 5 décembre 1814, l'Etat, qui concédoit les biens non vendus à titre de grâce ou de libéralité, pouvoit sans doute, en faisant une remise de faveur, un véritable don, imposer des conditions aux donataires ; qu'il pouvoit leur imposer l'obligation d'acquitter les créances, dont les biens avoient été grevés au temps de la confiscation ; mais que la loi du 5 décembre 1814 n'imposoit aucune condition semblable ; qu'elle n'avoit pas dû l'imposer ; qu'en effet cette loi avoit voulu

15

faire la remise des biens aux familles des anciens propriétaires, et
non aux créanciers antérieurs à la confiscation; qu'elle n'avoit pas
relevé les créanciers de la déchéance par eux encourue; que l'Etat
n'étoit nullement intéressé à ce que les créanciers déchus fussent
relevés de cette déchéance, et leurs créances payées intégralement,
pendant que le créanciers, qui s'étoient conformés à la loi, n'a-
voient reçu leur paiement qu'au tiers et en inscriptions; qu'en
permettant aux créanciers de faire des actes conservatoires de
leurs créances, la loi n'avoit rien statué sur le fond; que les
choses étoient entières, et que la Chambre, appelée à prononcer
sur la question, ne pouvoit pas être liée par une disposition qui
ne préjugeoit rien;

Que le législateur ne fait pas la justice, qu'il la déclare; qu'il
n'est pas maître d'ordonner arbitrairement ce qu'il veut, mais
qu'il est soumis lui-même au droit et à l'équité; qu'il ne pourroit,
sans une injustice intolérable, faire revivre, au préjudice des émigrés, des créances qui ont été frappées par la mort civile du débiteur
et par la déchéance que toute composition entre les créanciers et
les débiteurs seroit injuste; enfin, que le plus sûr moyen de mettre
un terme aux difficultés de toute espèce, qui sont la suite des prétentions des créanciers des émigrés, et d'écarter toute accusation
d'arbitraire, est de s'attacher aux principes du droit, et de les
appliquer dans toute leur rigueur, en décidant que les dettes des
émigrés antérieures à la confiscation et à la mort civile du débiteur
ont été dès ce moment, et sont encore aujourd'hui les dettes de
l'Etat; que la novation qui a donné à ces créanciers l'Etat pour
nouveau débiteur, a déchargé sans retour l'ancien débiteur, qui ne
peut plus être tenu d'une dette dont il a été libéré irrévocablement;

Enfin, que le législateur ne pourroit pas, sans donner lieu à des
réclamations sans nombre contre le trésor royal, et contre plusieurs
établissemens publics, relever les anciens créanciers des émigrés de la
déchéance par eux encourue; que, cet exemple une fois donné, il n'y
auroit aucune raison de justice pour refuser le même bénéfice aux
autres créanciers déchus, et particulièrement aux anciens créanciers

des communes, des colléges, des hospices, des fabriques ; que ces créanciers, non liquidés par l'Etat pendant qu'il possédoit les biens de ces corporations ou établissemens, ne manqueroient pas de réclamer aussi contre la déchéance de leurs créances : et comment un gouvernement juste pourroit-il refuser de faire pour eux ce qu'il auroit fait pour les anciens créanciers des émigrés ? Comment leur refuser, à leur tour, le droit de poursuivre le paiement de leurs anciennes créances sur les immeubles rendus par l'Etat aux communes, aux colléges, aux hospices, aux fabriques, et aux autres établissemens de même nature et sur les biens nouvellement acquis par ces corps ? Et, si on admettoit ces derniers créanciers relevés de la déchéance à réclamer le paiement de leurs créances sur les biens que possèdent aujourd'hui leurs débiteurs originaires, ces débiteurs n'auroient-ils pas le droit d'exercer leur recours en garantie contre l'Etat, qui, en s'emparant de leurs biens, dont il a vendu la plus grande partie, et dont il a touché le prix, avoit contracté l'engagement formel de payer leurs dettes ? Ainsi, et en dernier résultat, ce seroit sur le trésor royal que devroit peser l'obligation de payer les créanciers relevés de la déchéance ; et l'intérêt du gouvernement vient ici se joindre à celui des émigrés eux-mêmes, pour faire maintenir la déchéance prononcée contre leurs anciens créanciers.

Ici finit notre tâche. Comme jurisconsulte, notre devoir est d'appliquer aux cas particuliers qui se présentent les lois existantes, sans avoir à les justifier des contradictions, vraies ou apparentes, dans lesquelles elles semblent être avec l'équité. Nous pourrions donc nous borner à prouver, comme nous croyons l'avoir fait dans cet écrit, que les décisions favorables que nous avons données pour les émigrés contre leurs créanciers antérieurs à la confiscation qu'ils ont subie, sont fondées sur les lois positives. Les tribunaux ne reconnoissent pas et ne peuvent pas reconnoître d'autres règles d'équité que celles de la loi ; mais voudroit-on, en perdant de vue la triste condition des émigrés, ne s'occuper que de la position fâcheuse de ceux de leurs créanciers, qui n'ont pas réclamé le paiement de leurs créances contre l'Etat ? Qu'on veuille une fois comparer le sort des uns et des autres.

On avouera sans peine que les émigrés méritent plus de faveur que leurs créanciers.

Les émigrés ont été proscrits pendant un grand nombre d'années, et ont erré dans la misère et dans le besoin loin de leur patrie, et dans des contrées étrangères. Quelque opinion qu'on se forme de l'émigration, il n'est personne qui ne respecte les motifs de dévouement et de fidélité qui ont engagé les uns à quitter leurs foyers et leurs familles, pour se ranger sous les bannières de leurs princes légitimes ; et qui ne plaigne dans les autres la fâcheuse extrémité à laquelle ils ont été réduits, de fuir de leur pays, pour échapper à une odieuse proscription, et se soustraire à une mort trop certaine.

Quant à leurs créanciers, si l'Etat s'emparoit des biens de leurs débiteurs, il prenoit aussi l'engagement de payer leurs dettes. L'Etat leur a offert leur paiement, soit dans la monnoie légale avec laquelle leurs débiteurs auroient été autorisés à se libérer, soit en mandats, avec lesquels ils pouvoient acheter les biens de leurs débiteurs eux-mêmes, qui étoient hypothéqués à leurs créances. S'ils n'ont pas voulu accepter le paiement qui leur étoit offert ; si, par leur propre négligence, ils ont encouru la déchéance, ils ne peuvent imputer qu'à eux-mêmes le tort qu'ils en ressentent.

Pourquoi leur position exciteroit-elle plus d'intérêt que celle des autres créanciers, devenus aussi, malgré eux, créanciers de l'Etat, tels que les créanciers des communes, des colléges et des hospices, dont la déchéance a fait périr les créances les plus légitimes ?

Il n'y auroit qu'une seule circonstance où leurs plaintes seroient appuyées par l'équité, c'est celle où, tous les effets de l'émigration étant anéantis en faveur des émigrés, la libération acquise pour ces derniers par suite de la mort civile dont les lois sur l'émigration les avoient frappés, et par les déchéances acquises contre les créanciers, seroit de même anéantie ; ou, en d'autres termes, si la loi considéroit l'émigré comme n'ayant jamais encouru la mort civile et la peine de la confiscation, elle devroit, par la même raison, réputer non avenue la déchéance, ou toute autre libération acquise par suite de la mort civile ou de la confiscation.

Ou, ce qui est la même chose, si la restitution des émigrés avoit été une restitution pleine et entière, et à titre de justice ; mais, dans ce cas, la loi civile, sans qu'il soit besoin d'une législation particulière et spéciale, prononce la restitution des dettes pour la totalité, si la restitution est entière, et pour une quote-part, si la restitution n'est que d'une quote-part.

La loi du 5 décembre 1814 n'a pas fait une restitution de justice, mais une remise à titre de don ou de libéralité ; et à qui la loi pouvoit-elle et devoit-elle faire cette libéralité ? à qui l'a-t-elle faite en effet ? aux créanciers des émigrés antérieurs à la confiscation ? Non. C'est donc aux anciens propriétaires ou à leurs ayans cause.

De quoi se plaindroient donc, en dernier résultat, les créanciers des émigrés ? de ce que la loi nouvelle ne les a pas relevés d'une déchéance encourue par leur fait. Mais quels sont jusqu'à présent les créanciers de l'Etat qui ont été relevés des diverses déchéances prononcées contre eux, surtout par le décret du 25 février 1808 ?

Leurs débiteurs émigrés n'ont pas non plus été relevés de la confiscation dont ils avoient été atteints.

De quoi se plaindroient donc enfin les créanciers des émigrés ? De ce que, contre leur intérêt personnel, le législateur se seroit conformé aux décisions rendues jusqu'à présent, et fondées sur des lois faites dans le silence des passions, et qui peuvent justement être considérées comme l'expression de la raison et de la sagesse des nations ? Mais ce seroit rendre le plus bel hommage à la sagesse du législateur ; car c'est surtout dans la composition des lois qui peuvent être sujettes à l'influence des partis, que le législateur

doit être pénétré de cette utile maxime, « que lorsque le législateur
» établit une disposition nouvelle, il faut que son utilité soit bien
» évidente, pour qu'*on s'écarte du droit qui a long-temps paru*
» *conforme à l'équité : in rebus novis constituendis, evidens esse*
» *utilitas debet, ut recedatur ab eo jure quod diù æquum visum est.* »
Leg. 2, ff. *de constitut. princip.*

Délibéré à Paris par le jurisconsulte soussigné, ancien Avocat
à la Cour de cassation, le 25 septembre 1819.

H. DARD, *Avocat.*

TABLE

DES CHAPITRES ET DES PARAGRAPHES.

CHAPITRE PREMIER.

§. PREMIER.

§ II.

§. III.

CHAPITRE II.

§. PREMIER.